Dr. Norman W. Walker
Frische Frucht- und Gemüsesäfte

Dr. Norman W. Walker

Frische Frucht- und Gemüsesäfte

Waldthausen

Bestimmte Wirkstoffe, z.B. lebenswichtige organische Mineralien und Salze, sind in unserer heutigen Nahrung meistens gar nicht oder nur unzureichend vorhanden. Dies ist die Hauptursache der meisten Krankheiten.
Wie können wir unseren Körper am besten mit den benötigten Wirkstoffen versorgen?
Die Antworten finden Sie in diesem Buch.

Titel der in den USA erschienenen Originalausgabe
»Fresh Vegetable and Fruit Juices«

2. Auflage 1992

Satz und Gestaltung: Agentur & Satz, 2863 Ritterhude
Druck: Buchdruckwerkstätten Hannover

ISBN 3-926453-52-4

Printed in Germany

Inhaltsverzeichnis

Vorwort
von Manfred G. Langer

Dr. Walker war einer der bedeutendsten Gesundheitsärzte und Ernährungsforscher in den USA. Seine Bücher waren Vorbild für viele Ärzte, Forscher und Autoren. Auch *Harvey* und *Marilyn Diamond,* die Autoren des Bestsellers *»Fit für´s Leben«,* nutzten die Erfahrungen von *Dr. Walker* für ihre Ernährungsstudien.

Dr. Walker wies als einer der ersten auf die gesundheitsfördernde Wirkung von Obst- und Gemüsesäften hin, und seine vielen Veröffentlichungen trugen wesentlich dazu bei, daß heute fast in jedem amerikanischen Haushalt viel Saft getrunken wird. In den meisten Fällen sind es aber leider pasteurisierte Fabriksäfte und keine frischgepreßten Säfte.

Dr. Walkers Bücher sind von so großer, grundlegender Bedeutung, daß jeder Gesundheitssuchende sie gelesen haben sollte. Deshalb haben wir diese Bücher übersetzen lassen und veröffentlicht. Die wichtigsten Titel sind:

»Strahlende Gesundheit«
»Wasser kann Ihre Gesundheit zerstören«
»Täglich frische Salate erhalten Ihre Gesundheit«
»Frische Gemüse- und Fruchtsäfte«
»Darmgesundheit ohne Verstopfung«
»Natürliche Gewichtskontrolle«
»Auch Sie können wieder jünger werden«
»Zurück auf´s Land«

Dr. Walker hat das letzte Buch im Alter von 113 Jahren geschrieben. Er war bis zu seinem Tode im 116. Lebenjahr im Vollbesitz seiner Kräfte, machte Haus- und Gartenarbeiten und fuhr als über Hundertjähriger immer noch mit dem Fahrrad.

Dr. Walker überlebte seine Kritiker und Spötter und gilt heute als Wegbereiter einer natürlichen, gesunden Lebensweise.

Vorwort
von Dr. med. R. D. Pope

Ich möchte bestätigen, daß ich *Dr. Norman W. Walker* für seine unermüdliche Arbeit bei der Vorbereitung dieses Buches sehr verpflichtet bin.

Dr. Walker hat mir vorbehaltlos die Ergebnisse seiner Erfahrungen, seiner Versuche und seiner Analysen zur Verfügung gestellt, wodurch es möglich wurde, ein weitgehend vollständiges Säfte-Handbuch zusammenzustellen und zu veröffentlichen sowie Anleitungen zur therapeutischen Anwendung von Früchten, Salaten und Gemüse zu geben, wenn man diese in Form von frischen rohen Säften zu sich nimmt.

Ich hoffe, daß dieses Buch nicht nur ein nützliches und praktisches Nachschlagewerk für alle Mediziner und sonstige Mitglieder von Heilberufen ist, sondern daß es außerdem allen Menschen eine Hilfe sein wird, aus natürlichen Lebensmitteln den besten Nutzen ziehen zu können.

Frische Frucht- und Gemüsesäfte

Erst seit den vergangenen zwei Jahrhunderten sind die Menschen zu der Erkenntnis gekommen, daß der Zustand des menschlichen Körpers untrennbar verbunden ist mit der Qualität der Nahrung und ob die Nahrung den Bedürfnissen des Körpers entspricht. Allmählich fällt immer mehr Licht auf die Funktionen des menschlichen Körpers und auf die Art und Weise, wie der Körper Vitalstoffe wie Mineralien, Vitamine usw. nutzt, aus denen sich die Nahrung zusammensetzt.

In der ganzen Welt werden – vor allem auf dem Gebiet der Säftetherapie – phänomenale Erfolge erzielt, um dem Körper bei fast allen Beschwerden und Krankheiten zu helfen. Viele Menschen sind aber immer noch nicht über den Nährwert und die Heilkraft frischer Frucht- und Gemüsesäfte informiert.

Schon seit der Wende zum 20. Jahrhundert haben frische Säfte gezeigt, was in ihnen steckt. Ihr Wert wird von vielen Ärzten, Heilpraktikern sowie Ernährungsberatern anerkannt. Die Wirksamkeit dieser Säfte liegt in der Tatsache begründet, daß nach der Trennung der Vitalstoffe und des Wassers von den Fasern die flüssige Nahrung besonders schnell verdaut wird. Die Verdauungsprozesse, die erforderlich sind, um die Wirkstoffe von den Fasern zu trennen, benötigen Verdauungsarbeit und Zeit. Die Verdauung von ganzen Früchten und ganzem Gemüse braucht Energie, und die Quelle dieser Energie liegt in der Nahrung. Ein Teil der »festen« Nahrung, die man ißt, wird als »Brennstoff« benutzt, um diese Energie zur Verfügung zu stellen.

Dies beantwortet die häufig gestellte Frage: Warum soll man Früchte, Salate und Gemüse nicht ganz essen, statt Säfte daraus zu machen? Die Fasern haben keinen Nährwert, aber sie haben einen nützlichen und dringend benötigten Zweck. Sie wirken wie ein »Besen« im Verdauungskanal und fördern den Verdauungsvorgang. Obwohl die Fasern den Dickdarm als mikroskopisch kleine Zelluloseteilchen erreichen, nachdem sie durch den Magen, den Zwölffingerdarm und schließlich den etwa siebeneinhalb Meter langen Dünndarm gewandert sind, sind diese Faserstoffe für den Dickdarm immer noch ein Ballaststoff, und als solchen verwendet er sie auch. Ohne diese Fasern als Ballaststoff kann man den Dickdarm – und den Körper als Ganzes – nicht gesund erhalten.

Es ist daher unerläßlich, daß eine wohlausgewogene Ernährung immer auch ganz frische Früchte enthält sowie Salate aus rohen verschiedenen Gemüsesorten. Über die richtige Auswahl und Zubereitung von Salaten finden Sie in meinem Buch *»Täglich frische Salate erhalten Ihre Gesundheit«* nähere Hinweise und über 100 Rezepte.

Ich habe der Neuauflage dieses Buches einen Anhang über den Mineralstoffgehalt der wichtigsten Lebensmittel beigefügt. Es ist praktisch nicht möglich, aus irgendwelchen Samen ein vollkommenes Produkt zu gewinnen, selbst bei organischem Anbau. Der Grund dafür ist, daß beim Anbau von Pflanzen viele Faktoren eine Rolle spielen, die sich von Land zu Land manchmal erheblich unterscheiden können.

Heutzutage gibt es viele Sorten von fast allen Lebensmitteln. Die verschiedenen Karottenarten unterscheiden sich leicht hinsichtlich ihres Gehaltes an Mineralien, und so verhält es sich auch mit anderen pflanzlichen Lebensmitteln.

Betrachten Sie meine Informationen über Wirkstoffe in Lebensmitteln nur als allgemeine Richtlinien, denn der Boden, das Klima, die Örtlichkeit sowie die Anbaumethoden können verschieden sein.

Solange wir bei der Zusammenstellung unserer Nahrung eine Vielfalt von Früchten, Salaten und Gemüse berücksichtigen, brauchen wir uns keine Sorgen darüber zu machen, ob wir alle Mineralien und Vitamine bekommen, die unser Körper benötigt.

Wenn wir organisch angebaute Lebensmittel bekommen können, sind wir in einer glücklicheren Lage, als wenn wir nehmen müssen, was eben verfügbar ist, ohne Rücksicht auf die Qualität. Es ist aber ein Fehler, in Bezug auf die Lebensmittel, die wir im Supermarkt oder im Gemüsegeschäft kaufen müssen, fanatisch oder übertrieben pingelig zu sein. Wenn Ihre persönliche Auffassung über richtig angebaute Nahrung schon tiefe Wurzeln in Ihnen geschlagen haben, so ist es m. E. am besten, wenn Sie aufs Land ziehen und Ihre eigene Nahrung anbauen.

Lesen Sie hierzu auch mein Buch *»Zurück auf's Land«*

Wenn Sie nicht immer in der Lage sein sollten, genau die Lebensmittel zu kaufen, die Sie haben möchten, dann kaufen Sie nur allerbeste Qualitätsware.

Achten Sie darauf, die frischeste und beste Qualität einzukaufen, die Sie finden können. Dies gilt unabhängig davon, ob Sie Ihre Früchte und Ihr Gemüse für Salate oder für Säfte nehmen wollen.

Was fehlt Ihrem Körper?

Wenn ich keine ausreichende Menge frischer roher Säfte trinke, dann weiß ich, daß mein Körper seinen ganzen Bedarf an Enzymen nicht voll decken kann.

Wie steht es mit Ihnen?

Sie sind allein dafür verantwortlich, wie Sie Ihren Körper ernähren. Was zählt ist das Leben in Ihrer Nahrung.

Ihr Körper setzt sich aus Milliarden mikroskopisch kleiner Zellen zusammen. Ihre Existenz hängt davon ab. Die Zellen brauchen Nahrung, lebendige Nahrung. Es hängt ganz von Ihnen ab, ob das, was Sie essen, zur Ernährung oder zur Unterernährung führt!

Enzyme

Die Schlüsselfunktion für die Wirkung der Nahrung auf Ihren Körper ist das Leben in Ihrer Nahrung und in den Wirkstoffen, die wir Enzyme nennen.

Dies ist der Wirkstoff, der den Körper ernährt und am Leben erhält, der Wirkstoff, der in den Samen der Pflanzen und im Sprießen und Wachsen der Pflanzen verborgen ist. Dieses Lebensprinzip ist als Enzym bekannt.

Enzyme werden als komplexe Substanzen beschrieben, die uns in die Lage versetzen, Nahrung zu verdauen und in das Blut aufzunehmen. Enzyme sind keine »Substanzen«, sondern ungreifbare, magnetische, kosmische Energie des Lebensprinzips, die eng verbunden ist mit allen Aktionen und Aktivitäten jedes Moleküls im menschlichen Körper, in Pflanzen und in jeder anderen Lebensform.

Wenn wir uns dessen klar bewußt sind, wissen wir auch, warum wir unsere Nahrung mit Verstand und Geschick auswählen sollen und warum sie roh, ungekocht und unverarbeitet sein soll.

Wir können nicht zur selben Zeit Leben und Tod haben, weder in unserem Körper noch in Früchten, Salaten, Gemüse, Nüssen und Samen. Wo Leben ist, sind auch Enzyme.

Enzyme sind empfindlich gegen Temperaturen über 45°C. Bei über 50°C werden Enzyme träge, ebenso wie der menschliche Körper in einem heißen Bad träge wird. Bei 54°C wird das Leben der meisten Enzyme ausgelöscht.

In Samen befinden sich die Enzyme in einem Schlummerzustand. Bei entsprechenden Bedingungen bleiben sie Hunderte und Tausende von Jahren in einem Zustand schlummernden Lebens. Beispiele hierfür sind Weizenkörner in den Pyramiden, die noch keimfähig waren.

Auch in Kadavern prähistorischer Tiere, die man in den nördlichsten Gebieten der Erde, in Sibirien und in anderen vereisten Regionen gefunden hat, wo sie vor etwa 50.000 Jahren während einer plötzlichen Vereisung sofort einfroren, hat man noch eine Fülle von Enzymen festgestellt, die sofort wieder aktiv wurden, als das Fleisch bis zur Körpertemperatur aufgetaut wurde. Enzyme können also bei niedrigen Temperaturen ohne Verluste konserviert werden.

Leben als solches kann man nicht erklären; darum beschreibe ich Enzyme als kosmisches Energieprinzip oder als Schwingung, die in Molekülen einen chemischen Vorgang oder eine Veränderung bewirkt und Reaktionen herbeiführt, ohne während des Prozesses die Enzyme selbst zu verändern, zu zerstören oder aufzubrauchen. Anders gesagt, Enzyme sind Katalysatoren, und als solche fördern sie Vorgänge oder Veränderungen, ohne ihren eigenen Zustand zu verändern.

Nach dieser kurzen Erläuterung sind Sie sicher imstande zu würdigen, welche Bedeutung die Vernunft, die Logik und die Intelligenz bei der Auswahl der Lebensmittel haben, mit denen Sie Ihren Körper ernähren. Nicht nur rohe Nahrung soll es sein, sondern auch Nahrung, die so gegessen und zubereitet wurde, daß sie die Zellen und Gewebe Ihres Körpers auf schnelle und wirksame Weise ernährt.

Erneuerung (Regeneration) ist das Gesetz des Lebens. Wenn wir nicht essen, sterben wir. Ebenso sicher sterben wir nicht nur vorzeitig, wenn wir nicht die Nahrung essen, die den Körper richtig ernährt, sondern auf dem Wege zum Tode leiden wir auch noch.

Wenn wir unseren Körper täglich mit den Elementen versorgen, aus denen er selber zusammengesetzt ist, können wir eine gute Gesundheit haben, vorausgesetzt, daß wir den anderen Voraussetzungen unseres Seins, unserer Seele und unserem Geist die entsprechende Aufmerksamkeit und Rücksicht widmen.

Wir können die beste Nahrung der Welt essen, aber sie wird den Verfall unseres Körpers nicht verhindern, wenn wir ständig Ärger, Furcht, Sorge, Frustrationen und negative Gemütszustände haben.

Gesundheit ist Voraussetzung für ein zufriedenes Leben

Jede Freude und jeder berufliche Erfolg gründet sich auf das Wohlbefinden und die Vitalität des Körpers.

Nahrung muß lebendig (organisch) sein. Salze und Mineralien müssen lebendig, das heißt organisch sein, damit der menschliche Körper sie aufnehmen und zur Versorgung und zur Regeneration seiner Zellen und Gewebe verwenden kann.

Sonnenstrahlen übertragen Energie in pflanzliches Leben und aktivieren dabei die Enzyme. Mit Hilfe dieser Kraft werden anorganische Elemente in organische oder Leben enthaltende, als Nahrung geeignete Elemente umgewandelt.

Dank der wissenschaftlichen Forschung sind wir heute in der Lage, die in Lebensmitteln enthaltenen Elemente zu analysieren und genau zu kennen und sie im Körper, seinen Bedürfnissen entsprechend, in ein harmonisches Gleichgewicht zu bringen.

Unser Körper besteht aus vielen Elemente. Die wichtigsten davon sind:

Sauerstoff	Kalzium	Natrium	Chlor
Kohlenstoff	Phosphor	Magnesium	Fluor
Wasserstoff	Kalium	Eisen	Silizium
Stickstoff	Schwefel	Jod	Mangan

Außer bei Unfällen muß jede »Reparatur« und jede Regeneration unseres Körpers von innen kommen. Wenn das Blut, die Zellen und das Gewebe, die Organe, Drüsen und der ganze restliche Körper diese Elemente nicht im richtigen Verhältnis enthalten oder wenn an einem dieser Elemente Mangel herrscht, kommt der Körper aus dem Gleichgewicht, und es entwickelt sich ein Zustand, der als Toxämie bekannt ist, und Toxämie heißt ganz einfach Vergiftung (siehe auch *Dr. John H. Tilden* »Mit Toxämie fangen alle Krankheiten an«).

Um das richtige gesundheitliche Gleichgewicht zu erhalten, muß der größte Teil der Nahrung, die wir essen, lebende, vitale, organische Elemente enthalten. Diese Elemente finden Sie in frischen rohen Früchten, Salaten,

Gemüse, Nüssen und Samen. Vollständige Einzelheiten finden Sie in meinem Buch: *»Täglich frische Salate erhalten Ihre Gesundheit«*.

Sauerstoff ist eines der wichtigsten Elemente. Sobald man Nahrung kocht, geht Sauerstoff verloren. Die meisten Enzyme werden bei 54°C zerstört, und der größte Teil der Lebenskraft, die als Nahrung benötigt wird, geht verloren.

Die Tatsache, daß seit Generationen Millionen von Menschen gelebt haben und noch leben, die kaum – wenn überhaupt – etwas anderes gegessen haben als gekochte Nahrungsmittel, ist kein Beweis dafür, daß Sie wegen des Verzehrs gekochter Nahrungsmittel existiert haben. Tatsächlich befinden sich solche Menschen in einem Zustand dekadenten Existierens, was ihre vergifteten Körper bestätigen. Warum sonst sind die Krankenhäuser überfüllt und überlastet? Warum werden jährlich Waggonladungen an Schmerztabletten verkauft? Warum sind Herzkrankheiten, Diabetes, Krebs, Lungenleiden, vorzeitige Senilität und vorzeitiger Tod so häufig?

Unser Schöpfer hat den menschlichen Körper mit einer gewaltigen Widerstandskraft gegen körperliche Sünden geschaffen. Wenn wir etwas essen, was für uns »nicht gut« ist oder was sich mit unserem Bedarf an Nährstoffen und mit deren Gleichgewicht nicht verträgt, dann leiden wir. Wir werden durch Schmerzen oder Krämpfe gewarnt, die letztlich zu Krankheiten führen und schließlich zu den zahllosen chronischen Leiden, von denen ein Großteil der Menschheit befallen ist.

Die Folgeerscheinungen treten meistens nicht sofort auf, sondern aufgrund der enormen Widerstandskraft des Körpers braucht es Tage, Monate oder Jahre, bevor sich eine ernsthafte Erkrankung einstellt.

Sobald wir den natürlichen Weg gehen, um unsere Gesundheit wiederzugewinnen und zu bewahren, und sobald wir das Glück erfahren haben, das sich einstellt, wenn wir dies in die tägliche Praxis umsetzen, finden wir es sowohl seltsam als auch mitleiderregend, daß so viele Menschen über dieses Thema nicht nachdenken, sondern bewußt und allmählich immer weiter in einen Zustand der Vergiftung und der Dekadenz hineingeraten – obwohl ein wenig Studium ihnen helfen könnten, dem vorzeitigen und oft schmerzhaften Zusammenbruch zu entgehen. Seit über 170 Jahren gibt es bei uns die »natürliche Gesundheitslehre«*, die schon so vielen Menschen geholfen hat, aber noch immer nicht so weit verbreitet ist, daß alle Menschen darüber informiert sind und sich danach richten. Meine Bücher haben in diesem Land sicher schon viel bewirkt, aber es ist wichtig, daß viele weitere Menschen diese Informationen verbreiten wie es z.B. die *Diamonds* mit ihren Büchern »Fit für´s Leben I und II« und »Neue Eßkultur mit SonnenKost« mit viel Erfolg in der ganzen Welt tun.

*Nähere Informationen über die »natürliche Gesundheitslehre« können Sie von der Gesellschaft für natürliche Lebenskunde e.V., 2862 Worpswede, Heinrich-Vogeler-Weg 8, erhalten.

Warum nicht Früchte und Gemüse ganz essen?

Ohne Kenntnis der Grundsätze, die den Verzehr frischer roher Frucht- und Gemüsesäfte betreffen, werden Sie vielleicht fragen *»Warum soll man nicht die ganze Frucht und das ganze Gemüse essen, anstatt den Saft auszupressen und die Faserstoffe wegzuwerfen?«*

Die Antwort ist einfach: Feste Nahrung erfordert eine viel längere Verdauungstätigkeit, bevor ihre Nährstoffe den Zellen und Geweben des Körpers zur Verfügung stehen. Zwar haben die Fasern in fester Nahrung so gut wie keinen Nährwert, aber während der Peristaltik der Därme dienen sie als »Darmbesen«. Das Entfernen der Faserstoffe beim Pressen von Säften macht es möglich, daß die Säfte sehr schnell verdaut und aufgenommen werden, meistens innerhalb von Minuten.

Es ist gut bekannt, daß Sellerie wegen seines hohen Natriumchloridgehaltes eines unserer besten Lebensmittel ist, um den Belastungen extremer Hitze zu begegnen. Den Sellerie ganz zu essen, erfordert soviel Zeit für die Verdauungsarbeit, daß Sie von großer Hitze leicht überwältigt werden können, bevor Sie in den Genuß der wohltuenden Wirkung des Selleries kämen. Wenn Sie aber ein Glas oder einen halben Liter frischen rohen Selleriesaft trinken, tritt die Wirkung viel rascher ein. Dadurch wird z.B. die brütende Hitze in Wüstengegenden viel erträglicher.

Ganze Früchte, Salate und Gemüse enthalten eine beträchtliche Menge Faserstoffe. In diesen Faserstoffen sind die lebenswichtigen Nährstoffe, die wir brauchen, eingeschlossen. Diese Moleküle und ihre jeweiligen Enzyme in frischen rohen Säften tragen zur schnellen Ernährung der Zellen und Gewebe, Drüsen, Organe und aller Körperteile bei.

Die Faserstoffe von Früchten, Salaten und Gemüse sind aber ebenfalls wertvoll. Wenn die Nahrung, die wir essen, roh, ungekocht und unverarbeitet ist, unterstützen diese Faserstoffe die Verdauungsarbeit. Wenn Sie Nahrung kochen, zerstört die Hitze alles Leben. Die Faserstoffe, die ihren Magnetismus durch die Hitze verloren haben und leblos sind, wirken dann wie ein schmutziger Mop, der durch die Därme wischt und allzuoft eine Schleimschicht an den Darmwänden hinterläßt (siehe auch »Die schleimfreie Heilkost« von *Prof. Arnold Ehret*). Im Laufe der Zeit häuft sich der Schleim an, fault und verursacht Toxämie. Dann wird der Dickdarm träge und Verstopfung, Darmentzündung, Divertikulose und andere Störungen sind die Folge.

Mit Säften, die aus frischen rohen Früchten und Gemüse extrahiert werden, können Sie alle Zellen und Gewebe des Körpers mit den Elementen und Nahrungsenzymen versorgen, die sie benötigen, und zwar so, daß sie leicht verdaut und aufgenommen werden können.

Beachten Sie, daß ich »Nahrungsenzyme« sage. Damit sind die Enzyme in unserer Nahrung gemeint. Die Zellen und Gewebe unseres Körpers haben ihre eigenen Enzyme, die dabei helfen, unsere Nahrung zu verdauen und aufzunehmen. Außerdem ist jedes Molekül, aus dem unser Körper besteht, reichlich mit Enzymen versorgt.

Gekochte Nahrungsmittel

In der Regel schadet es nicht viel, gelegentlich etwas gekochte Nahrung zu essen (aber niemals gebratene Nahrung), vorausgesetzt, daß man auch eine genügende Menge an Rohkost ißt. Wir leben heute im Atomzeitalter, und wenn wir uns durch den Verzehr großer Mengen gekochter Nahrung selbst »drosseln«, rufen wir damit einen körperlichen und seelischen Konflikt in uns hervor, der eine Behinderung darstellt und unser Dasein stört.

Säfte aus frischen rohen Früchten und Gemüse sind die Mittel, durch die alle Zellen im Körper mit den Elementen, die sie benötigen, versorgt werden können, und zwar so, daß sie leicht aufgenommen werden können.

Sie müssen daran denken, daß gekochte und verarbeitete Nahrungsmittel zwar Leben erhalten können, aber sie haben nicht die Kraft, unsere Zellen richtig zu erneuern. Bei ständigem Verzehr gekochter und verarbeiteter Nahrungsmittel folgt eine fortschreitende Entartung unserer Zellen und unseres Gewebes.

Kein Medikament der Welt kann dem Blut irgend etwas liefern, womit der Körper dauerhafte Reparaturen durchführen kann.

Man kann täglich vier oder fünf große Mahlzeiten essen, und doch kann der Körper durch den Mangel an lebenswichtigen Wirkstoffen in der Nahrung und die Störung des Enzymgleichgewichts ausgehungert sein.

Fruchtsäfte sind Reiniger des menschlichen Körpers, aber die Früchte müssen reif sein. Ein Apfel am Tag hält den Arzt fern, aber nur wenn wir außerdem reichlich andere rohe Nahrung essen. Früchte – mit nur drei oder vier Ausnahmen – sollten Sie nie zusammen mit Stärke- oder Zuckerprodukten essen. Früchte versorgen den Körper mit allen Kohlenhydraten und Zucker, die er braucht.

Gemüsesäfte sind dagegen die Baumeister und Erneuerer des Körpers. Sie enthalten alle Aminosäuren, Mineralien, Salze, Enzyme und Vitamine, die der menschliche Körper benötigt, vorausgesetzt, sie werden frisch, roh und ohne Konservierungsstoffe getrunken und richtig extrahiert.

Wie alle wertvollen Dinge im Leben ist der lebenswichtige Teil vom Gemüse – der Teil, der den größten, konzentrierten Wert hat – am schwierigsten zu erreichen, da er in den Fasern steckt. Daher ist es notwendig, rohes Gemüse und Salate sehr gut zu kauen.

Letzten Endes ist rohe Nahrung die Nahrung, die dem Menschen zugedacht ist. Nicht jeder ist jedoch imstande, seine lebenslange Gewohnheit, gekochte, denaturierte Nahrung zu essen, von heute auf morgen zu ändern und statt dessen nur rohe Lebensmittel zu verzehren. Eine derart plötzliche Umstellung kann auch zu Störungen führen, die der Betreffende vielleicht nicht versteht, die aber dennoch ganz nützlich sein können. Unter diesen Umständen ist es klug, bei jemandem Rat zu suchen, der mit den Reaktionen, die sich aus einer Ernährungsumstellung ergeben können, Erfahrung hat, z. B. bei einem GesundheitsPraktiker der Lebenskunde e. V., die über 50 Gesprächskreise in Deutschland haben..

Auf jeden Fall sind frische Gemüsesäfte als Ergänzung zu jeder Ernährung nützlich, erst recht dann, wenn man keine besonders gesunde Kost zu sich nimmt, also alles ißt, was einem schmeckt.

Wenn auch Sie einer planlosen Ernährungsweise folgen, sind Säfte von lebenswichtiger Bedeutung, da sie den

Körper mit den Lebenselementen und Vitaminen versorgen, an denen in gekochten und verarbeiteten Nahrungsmitteln Mangel herrscht.

Andererseits kann eine 100%ige Rohkosternährung ohne frische rohe Säfte auch unzureichend sein. Der Grund dafür liegt darin, daß ein überraschend großer Teil der Moleküle, aus denen die Nährstoffe in rohen Lebensmitteln bestehen, von den Verdauungsorganen als Brennstoff beim Verdauen und Aufnehmen der Nahrung verwendet wird, was gewöhnlich bis zu 2 oder 3 Stunden nach jeder Mahlzeit erfordert. Diese Moleküle liefern dem Körper zwar Nahrung, sie werden aber zu einem Teil als Brennstoff verbraucht, so daß nur ein Teil für die Erneuerung der Zellen und Gewebe verfügbar wird.

Wenn Sie jedoch rohe Säfte trinken, ist die Lage anders. Säfte werden innerhalb von zehn bis fünfzehn Minuten nach dem Trinken verdaut und aufgenommen, und sie werden fast gänzlich zur Erneuerung und Ernährung der Zellen und Gewebe, der Drüsen und Organe des Körpers verwendet. Der ganze Verdauungs- und Aufnahmevorgang wird also in größtmöglicher Geschwindigkeit sowie mit einem Minimum an Anstrengung seitens des Verdauungssystems abgeschlossen.

Wichtig ist es, daß Sie Ihre Säfte täglich frisch trinken, ungeachtet der Art und Weise oder des Verfahrens, wie sie extrahiert wurden. Je besser der Saft extrahiert wird, desto wirksamer ist er natürlich.

Mein erster Karottensaft

Meine ersten Experimente machte ich, als ich Karotten auf einer Reibe rieb, und so einen Karottenbrei erhielt, den ich dann in einem Tuch auspreßte, um Saft zu bekommen. Nachdem ich herausfand, welch wunderbarer Genuß dieser so einfach zubereitete Saft war, versuchte ich, die Karotten anders zu Brei zu verarbeiten, um mit geringerem Aufwand eine größere Saftmenge für mich herzustellen. Ich stellte aber fest, daß die Säfte gärten und verdarben, wenn man sie nicht sofort trank; entscheidend war der Zeitfaktor.

Schließlich fand ich eine Methode, Gemüse und Früchte mechanisch zu einem Brei zu verreiben, der fast so fein war wie Apfelmus, wobei das Innere der Faserzellen aufgebrochen und die Moleküle freigesetzt wurden. Diesen Brei preßte ich anschließend in einer hydraulischen Presse. Der Saft wurde fast vollständig extrahiert, und seine Qualität war unübertroffen.

Ein Entsafter, der zerreibt und zugleich hydraulisch preßt, ist ein relativ teures Gerät. Denken Sie aber nicht an die damit verbundene Ausgabe, sondern an die Investition in Ihre Gesundheit, die sich selbst bezahlt macht!

Mit Zentrifugalkraft arbeitende Entsaftertypen, die vorwiegend auf dem Markt sind, haben ihren Nutzen, was das Extrahieren von Säften angeht. Sie sind für Reisen und auch für den Gebrauch in kleinen Wohnungen mit wenig Platz geeignet. Die Säfte, die man mit diesen Geräten herstellen kann, werden von vielen Menschen verwendet, allerdings werden durch die hohen Geschwindigkeiten ein Teil der Enzyme und auch Vitamine zerstört. Die beste Saftqualität erhalten Sie mit einer Saftpresse, und sie ist langfristig auch die billigste und die wirksamste, was die Ernährung betrifft. Ein besonders gut geeigneter Entsafter ist der Champion-Entsafter, mit dem Sie auch Mus, Nußbutter und Eiscreme herstellen können. Dieser wird in Deutschland von der Firma *H. J. Müller* in 2863 Ritterhude geliefert.

Jeder frische rohe Saft von einem anderen Entsafter ist besser als überhaupt kein Saft.

Der Saft, der nach der Zentrifugalmethode gewonnen wird, sollte sofort getrunken werden, denn die Extraktion des Saftes aus den Fasern ist meistens nicht so vollständig, wie sie nach technischem Vermögen möglich ist, so daß Oxidation und Hitze, die entsteht, den Saft in kurzer Zeit verderben.

Bei meinen Versuchen habe ich festgestellt, daß giftige Spritzmittel in den Fasern von Früchten und Gemüse zu einem großen Teil zurückbleiben.

Champion-Entsafter

Säfte sind keine konzentrierten Lebensmittel

Unser Schöpfer hat uns Lebensmittel sowohl als Ernährung als auch als Medizin gegeben. Darum ist es nur natürlich, beides im Auge zu behalten, wenn wir unsere Nahrung essen.

Es ist nicht richtig zu sagen, Säfte seien ein konzentriertes Nahrungsmittel. Ein konzentriertes Nahrungsmittel ist ein Produkt, das dehydriert wurde, also dessen Wassergehalt reduziert worden ist. Säfte sind flüssige Lebensmittel, die reines, organisches Wasser bester Qualität enthalten.

Beim Extrahieren von Säften ist es wichtig, die Fasern richtig zu zerreiben, um die lebendigen Wirkstoffe freizusetzen.

Meine Forschungen haben gezeigt, daß zunächst die Fasern richtig zerrieben werden müssen. Dann muß der Saft durch hydraulische oder gleichwertige Pressung aus dem so entstehenden Brei herausgedrückt werden. Andernfalls finden Sie die Vitamine, die Enzyme und die sonstigen lebendigen Wirkstoffe nicht im Saft vor.

Wenn die rohen Säfte jedoch richtig extrahiert worden sind, werden sie vom menschlichen Körper leicht und schnell aufgenommen, und da sie ein organisches oder lebendiges Lebensmittel sind, erneuern sie den ganzen Körper mit überraschend schneller Wirkung.

Glauben Sie also nicht, frische rohe Säfte seien konzentrierte Nahrungsmittel oder eine Medizin. Sie sind eines unserer am wenigsten konzentrierten Nahrungsmittel, und doch am nahrhaftesten.

Bedenken Sie, um wieviel konzentrierter als Säfte folgende Nahrungsmittel sind: Sojabohnen und Sojamehl sind um 870 % konzentrierter als Karottensaft und um 940 % konzentrierter als Selleriesaft. Popcorn ist um 2100 % konzentrierter als Karottensaft und um 2300 % konzentrierter als Selleriesaft. Weißer Zucker ist um 4200 % konzentrierter als Karottensaft und um 4600 % konzentrierter als Selleriesaft.

Wenn wir uns klarmachen, wie groß die Konzentrierung dieser Nahrungsmittel im Vergleich zu Säften ist, bekommen wir eine Ahnung von der Ursache der Übersäuerung, die im Körper als Folge des Verzehrs von Sojaprodukten, Popcorn, Zucker, Getreide und ähnlichem erzeugt wird.

Sie können auch Karottensaft mit frischer, unverdünnter Kuhmilch vergleichen. Der Wassergehalt dieser beiden Produkte in ihrer natürlichen chemischen Zusammensetzung ist nahezu identisch.

Natürlich ist es paradox, Kuhmilch mit Karottensaft zu vergleichen. Kuhmilch ist das Nahrungsmittel, das am meisten Schleim bildet. Der Kaseingehalt von Kuhmilch ist sehr hoch und liegt etwa um 300 % über dem Kaseingehalt der Muttermilch. (Kasein ist ein Nebenprodukt aus der Milch, das als guter Leim zum Kleben von Holz gebraucht wird). Kasein trägt u.a. zur Verschleimung von Kindern und Erwachsenen bei, die große Mengen Milch trinken. Kuhmilch führt außerdem zu Erkältungen, laufenden Nasen, Mandel-, Rachenmandel- und Bronchialbeschwerden – während Karottensaft eines der besten Hilfsmittel bei der Beseitigung von Schleim ist!

Die übermäßige Schleimbildung im Körper als Folge des Verzehrs großer Mengen Kuhmilch ist nicht nur auf junge Menschen beschränkt, sondern findet sich ebensooft bei Erwachsenen, bei denen die Auswirkungen meistens noch viel schlimmer sind. Wenn Menschen älter werden, ist ihre Widerstandskraft geringer als bei der jüngeren Generation.

Wenn Sie Milch trinken wollen (was ich nicht empfehle), dann gibt es eine Milch, die sich mit der menschlichen Verdauung besser verträgt als Kuhmilch. Es ist rohe Ziegenmilch.

Rohe Ziegenmilch ist kaum schleimbildend. Wenn sich ein Verschleimungszustand entwickelt, nachdem man sie getrunken hat, ist dies gewöhnlich auf einen vorausgegangenen übermäßigen Verzehr von Stärke- und Zuckerprodukten zurückzuführen, nicht aber auf die Ziegenmilch. Diese Milch muß roh getrunken und darf weder über 48°C erhitzt noch pasteurisiert werden.

Für Kinder gibt es natürlich keine bessere Milch als Muttermilch. Rohe Ziegenmilch ist der nächstbeste Ersatz. Es ist gut, wenn ihr etwas frischer roher Karottensaft zugefügt wird. Rohe Ziegenmilch kann man auch anderen frischen rohen Gemüsesäften beigeben.

Denken Sie immer daran, daß bei der Verarbeitung frischer roher Frucht- und Gemüsesäfte die Qualität der Säfte einen großen Einfluß auf die Wirkungen hat.

Wenn der Saft aus der Frucht oder aus dem Gemüse unvollständig extrahiert wird, hat er zwar die Eigenschaft von lebendigem, organischem Wasser, und als solches ist er immer noch nützlich, nur seine Wirksamkeit ist herabgesetzt, da die Vitamine und Enzyme teilweise fehlen, die in den Fasern und im Brei zurückbleiben.

Unsere verschiedenen Körperteile und -organe setzen sich aus vielen kleinen Zellen zusammen, in denen die bereits genannten verschiedenen Elemente enthalten sind. Diese Zellen werden im Laufe der menschlichen Existenz abgenutzt und müssen ständig erneuert werden. Die Nahrung, die für diesen Zweck benötigt wird, muß lebende, organische Nahrung sein und muß eine reichliche Menge an lebendigen, organischen Mineralien liefern, die für die Erhaltung des Körpers benötigt werden.

Eine Kost, die sich vorwiegend aus denaturierten Nahrungsmitteln zusammensetzt, führt unvermeidlich zum Zusammenbruch dieser Zellen, woraus sich Krankheiten und chronische Leiden ergeben.

Daher ist es notwendig, den Körper über die Nahrung mit einer Fülle von lebendigen Wirkstoffen zu versorgen. Wenn der Zusammenbruch dieser Zellen bereits begonnen hat oder schon stattgefunden hat, ist es am besten, den Organismus gründlich zu reinigen durch eine Fastenkur mit Hilfe roher Säfte.

Es ist klar erwiesen, daß die Ergänzung unserer Mahlzeiten mit rohen Frucht- und Gemüsesäften die schnellste und beste Methode ist, dem Körper die Wirkstoffe wieder zuzuführen, an denen es ihm bisher gemangelt hat.

Schutz gegen Pestizide und Spritzmittel

Es gibt eine wenig bekannte Tatsache über die Wirkung von Pestiziden auf unsere Lebensmittel, der man heute vielmehr öffentliche Aufmerksamkeit schenken sollte.

Ich habe festgestellt, daß der Verzehr von Früchten und Gemüse wegen der Pestizide und Spritzmittel schädlich sein kann. Die Fasern dieser Lebensmittel speichern diese Gifte. Enzyme und Moleküle reagieren allergisch gegen sie.

Es ist wohlbekannt, daß der Mangel an Wirkstoffen in natürlichen Lebensmitteln bzw. deren Unausgewogenheit in direkter Beziehung steht mit Mangelerscheinungen im Boden, in dem diese Produkte angebaut werden.

Wenn der Boden, in dem Früchte, Salate und Gemüse angebaut werden, durch das Fehlen einer Kompostierung und/oder Düngung oder durch unsachgemäße Anwendung denaturiert wird, mangelt es allen Produkten, gleichgültig, welche man in diesem Boden anbaut, an lebendigen Wirkstoffen, und zwar in unmittelbarem Verhältnis des Mangels an Nährstoffen in diesem Boden.

Außerdem dringen selbst bei allerbesten Bodenverhältnissen Spritzmittel und Pestizide in die Pflanzen und Wurzeln ein, und sie werden von den Fasern der Pflanzen und Wurzeln aufgenommen. Die Pflanzen wachsen und gedeihen weiter – nicht wegen, sondern trotz dieser Gifte. Warum? Weil die Enzyme und Moleküle ihre Aufgabe weiter erfüllen, trotz der giftgesättigten Fasern.

Es erhebt sich nun die Frage: Wie bekommt man die Enzyme und Moleküle aus unseren Früchten und dem

Gemüse, ohne die giftbelasteten Faserstoffe zu verwenden? Letzten Ende sind diese Enzyme und Moleküle die Nähr- und Vitalstoffe, die wir haben möchten. Die Faserstoffe haben praktisch keinen Nährwert.

Die Antwort ist einfach: Während des Zerreibens von Früchten und Gemüse werden die Zellen der Fasern aufgebrochen und die Wirkstoffe freigesetzt. Das Ergebnis ist ein Brei, der fast so fein ist wie Apfelmus. Diese Wirkstoffe sind gegen Gifte ebenso empfindlich wie Öl gegen Wasser. Darum vermischen sie sich nicht innig mit den zerriebenen Fasern.

Wenn man diesen zerriebenen Brei durch ein geeignetes Sieb preßt, wird der Saft, der die Enzyme und Moleküle enthält, von den Fasern und den Giften, mit denen sie angereichert sind, weitgehend getrennt.

Ich habe also die Antwort auf die Frage gefunden, wie man vermeiden kann, von Giften geschädigt zu werden, die unsere Lebensmittel verseuchen.

Wenn Sie einen Champion-Entsafter verwenden, so spricht dies nicht gegen die Verwendung von Zentrifugalgeräten. Zwar ist erwiesen, daß mit der Zentrifugalkraft nicht alle Enzyme und Moleküle extrahiert werden können; dennoch hindert die Verwendung eines Filters im Zentrifugalentsafter die Fasern daran, sich mit dem extrahierten Saft zu vermischen. Sie können also einen Saft zubereiten, der weitgehend frei ist von den giftgesättigten Faserstoffen.

Ein Mixer ist für das Extrahieren von Säften ungeeignet. Er schneidet Früchte und Gemüse lediglich so fein, wie man es wünscht, aber der Brei ist in der ganzen Masse mit seinen Faserstoffen noch vorhanden. Wir benutzen Mixer in unserer Küche nur, um Soßen, Desserts usw. zuzubereiten.

Bei der Auswahl von Früchten, Salaten und Gemüse und anderen Lebensmitteln kaufen wir immer dort ein, wo es die frischeste und beste Ware gibt, am besten in Reformhäusern oder Naturkostläden. Wir kaufen immer nach Qualität. Es gibt keinen Ersatz für Qualität, zu keinem Preis, und wenn die Kosten höher sind, ist es langfristig sowohl sicherer als auch billiger.

Wieviel Saft können Sie ohne Bedenken trinken?

Genau soviel, wie Sie bequem trinken können, ohne daß Sie sich zwingen! Als allgemeine Regel läßt sich sagen, daß etwa ein halber Liter täglich die kleinste Menge ist, die spürbare Ergebnisse zeigt; besser sind ein bis zwei Liter. Wir müssen daran denken, daß die Ergebnisse um so schneller eintreten, je mehr Saft wir trinken.

Als Säfte zum ersten Mal empfohlen wurden, wurde vorgeschlagen, sie in kleinen Mengen zu trinken. Dies lag ohne Zweifel daran, daß zu jener Zeit kein Gerät auf dem Markt war, mit dem man Säfte in vernünftigen Mengen zubereiten konnte. Eine Tasse Saft mit einem manuellen Entsafter zu bereiten, war schwierig und aufwendig. Heute finden wir elektrische Entsafter, die hydraulisch pressen, am wirksamsten.

Beachten Sie aber bitte einige wichtige Grundsätze. Erstens müssen die Mineralien und chemischen Wirkstoffe, die Vitamine und Hormone aus den mikroskopisch winzigen Zellen der Früchte- und Gemüsefasern freigesetzt werden, und zweitens müssen sie zusammen mit dem Saft gesammelt und von den Fasern getrennt werden.

Wir haben keinen praktischen **manuellen** Entsafter gefunden, der alle lebendigen Wirkstoffe aus Früchten und Gemüse extrahieren kann, da er die Fasern lediglich zerdrückt und sie nicht zerreibt. Das **Zerreiben** ist wichtig, damit die lebendigen Wirkstoffe freigesetzt werden können.

Zentrifugalgeräte und vergleichbare Geräte sind ebenso wirksam, wenn die Qualität der Säfte nicht von so hoher Wichtigkeit ist. Diese Geräte sind auch preiswerter.

Das Prinzip des Entsaftens nach der Zentrifugalmethode basiert auf einer schnell rotierenden Scheibe mit scharfen Reibflächen im Gerät. Da die Drehung außerordentlich schnell ist, wird der Brei, der auf der Scheibe gerieben wird, durch die Zentrifugalkraft gegen die Scheiben des durchlöcherten Behälters geschleudert, und dadurch wird der Saft vom Brei getrennt und gesammelt.

Physikalisch und mechanisch ist es unmöglich, durch Zentrifugalkraft den ganzen Saft zu extrahieren. Der Saft, den man so erhält, ist im allgemeinen aber ganz gut. Er darf aber nicht lange aufbewahrt werden, bevor er getrunken wird.

Ungeachtet gewisser Nachteile dieser Methode der Saftbereitung können Sie auch aus solchen Säften Nutzen ziehen. Letztlich ist das in Säften enthaltene natürliche Wasser organisches Wasser, und als solches ist es von großem Wert. Die Vitamine und Mineralien, die sich in diesem Saft sammeln, sind sehr nützlich.

Wenn wir von Wasser sprechen, denken wir natürlich zuerst an Wasser, das aus dem Wasserhahn oder aus einer Quelle kommt, oder an Regenwasser. Wenige Menschen wissen, daß es sowohl lebendiges, organisches Wasser als auch anorganisches Wasser gibt, und nur wenige sind sich darüber im klaren. Die Natur hat uns die Pflanzen als Laboratorium zur Verfügung gestellt, in dem Regen- und Flußwasser in lebendige Moleküle eines organischen Wassers umgewandelt werden. Wasser aus der Leitung ist nicht nur anorganisch, sondern fast alle Städte versetzen das Trinkwasser mit Chlor und anderen Chemikalien, und es ist damit für den Verbrauch durch Menschen oder Tiere mehr als ungeeignet. Wasser in Bächen und Flüssen und aus Quellen ist ebenso anorganisch wie Regenwasser.

Die einzige Quelle, die uns mit lebendigem, organischem Wasser versorgt, sind die Pflanzen – unsere Früchte, Salate und Gemüse und die aus ihnen bereiteten Säfte. Diese Säfte müssen jedoch roh sein, damit sie ihre lebendigen, organischen Eigenschaften behalten, und man darf sie weder kochen, verarbeiten, eindosen noch pasteurisieren.

Wenn Säfte gekocht, verarbeitet, eingedost oder pasteurisiert werden, werden alle Enzyme zerstört, und sie werden dann anorganisch. Dies gilt für H_2O (Wasser) ebenso wie für die Mineralien und Chemikalien, aus denen Saft besteht. Früchte und Gemüse in flüssiges oder halbflüssiges Mus umzuwandeln, ohne die Zellulose zu entfernen, ist im Vergleich zu Säften ebenfalls nicht von so großem Wert. Der eigentliche Sinn des Safttrinkens besteht darin, den Körper in die Lage zu versetzen, alle lebendigen Wirkstoffe in Früchten und Gemüse auf die schnellste Art und Weise aufzunehmen, ohne die Verdauungsorgane mit der Arbeit zu belasten, die mit dem Aufschluß des Zellulosebreis verbunden ist.

Wenn Sie richtig zubereitete Säfte trinken, versetzen Sie Ihren Körper in die Lage, sie in zehn bis fünfzehn Minuten aufzunehmen. Dagegen erfordert Früchte- und Gemüsebrei viel längere Verdauungsarbeit.

Außerdem belastet das Trinken von Säften, aus denen die Faserstoffe nicht entfernt wurden, die Verdauungsorgane mehr, als wenn man rohe Früchte und Gemüse ganz ißt und richtig kaut; denn richtiges Einspeicheln und gründliches Kauen sind für die vollständige Verdauung unerläßlich, wenn Zellulosefasern vorhanden sind. Dies geschieht gewöhnlich aber nicht, wenn die Faserstoffe im Mus noch enthalten sind. Dagegen versorgen uns Säfte, aus denen die Faserstoffe entfernt wurden, ohne Probleme mit allen Wirkstoffteilchen, die Früchte und Gemüse enthalten, und der Körper nimmt sie unverzüglich und rasch auf.

Erst in der letzten Zeit hat sich bei den Menschen die Erkenntnis verbreitet, daß der Zustand des menschlichen Körpers untrennbar verbunden ist mit der Qualität der Nahrung. Wir wissen immer mehr über die Funktionen des menschlichen Organismus und wie er Mineralien und Vitamine verwendet, aus denen die Nahrung sich zusammensetzt.

Die Ergebnisse, die bei der Heilung fast jeder Störung oder Krankheit erzielt wurden, sind in der ganzen Welt phänomenal, vor allem auf dem Gebiet der Säftetherapie. Machen auch Sie sich deshalb vertraut mit dem Wert frischer Frucht- und Gemüsesäfte für die Ernährung und für die Genesung.

Frische Frucht- und Gemüsesäfte haben gezeigt, was in ihnen steckt, und ihr Wert wird inzwischen sowohl von Ärzten als auch von Laien anerkannt. Der Grund für die Wirksamkeit von Säften liegt in der Tatsache, daß diese flüssige Nahrung innerhalb von Minuten verdaut wird, nachdem die Mineralien und das destillierte Wasser von den Faserstoffen getrennt wurde. Andererseits benötigen die Verdauungsprozesse, die die Mineralien von den Fasern trennen, Arbeit und Zeit, die von den Verdauungsorganen aufgebracht werden müssen. Beim Verdauen von Früchten und Gemüse wird Energie verbraucht, und die benötigte Energie wird dem verdauten Lebensmittel entnommen. Ein Teil der »festen« Nahrung, die man verzehrt, wird also seinem Nahrungszweck entfremdet und als Brennstoff zur Erzeugung dieser Energie verwendet.

Achten Sie einfach darauf, die frischeste und beste Qualität zu nehmen, die Sie finden. Dies gilt unabhängig davon, ob Sie Ihre Gemüse für Salate oder zur Saftbereitung kaufen.

Säfte
Anwendung und Nutzen

Alfalfasaft

Alfalfa ist eine besonders wertvolle Hülsenfrucht. Sie ist nicht nur reich an den wichtigsten Mineralien und chemischen Elementen, sondern sie enthält außerdem viele Spurenelemente aus der Tiefe des Bodens, wo die Wurzeln neun bis dreißig Meter hinabreichen.

Die in Alfalfa in guter Qualität, reichlicher Menge und ausgewogenem Verhältnis enthaltenen Mineralien wie Kalzium, Magnesium, Phosphor, Chlor, Natrium, Kalium und Silizium sind von besonderem Wert. Diese Elemente werden alle für die einwandfreie Funktion der verschiedenen Körperorgane benötigt.

Während die Verwendung von Alfalfa als Viehfutter weit verbreitet ist, ist sie trotzdem auch in Form von Saft – wobei nur die Blätter genommen werden – von großem Wert, sofern man sie frisch bekommen kann. Man bezeichnet Alfalfa auch als Luzerne.

Da Alfalfa sich an die unterschiedlichsten Boden- und Klimabedingungen anpassen kann und sogar auf alkalischem Boden gedeiht, gibt es keine Entschuldigung, wenn man sie nicht auf seinem eigenen Grundstück anbaut, zumal sie gewöhnlich schwer zu bekommen ist, wenn man in der Stadt lebt.

Wenn Sie keine frische Alfalfa bekommen können, lassen Sie Alfalfasamen keimen und essen die Sprossen zu

Ihren Mahlzeiten. Sie keimen leicht und sind besonders wertvoll bei einer natürlichen Ernährung.

Pflanzen formen leblose Substanzen zu lebenden Zellen und Gewebe um.

Das Vieh frißt rohe Pflanzen als Nahrung. Es nimmt etwas Lebendes in seinem Körper auf und wandelt es in einen noch komplexeren lebenden Organismus um.

Andererseits nehmen Pflanzen – Früchte, Salate, Gemüse oder Gras – anorganische Elemente aus der Luft, dem Wasser und der Erde auf und wandeln sie in lebende, organische Elemente um. Sie nehmen Stickstoff und Kohlendioxid aus der Luft, Stickstoff, Mineralien und Mineralsalze aus der Erde auf, in der sie wachsen, sowie Sauerstoff und Wasserstoff aus dem Wasser.

Die wichtigsten Faktoren in diesem Umwandlungsprozeß sind die Enzyme und die lebensspendende Wirkung der Sonnenstrahlen, die Chlorophyll erzeugen.

Das Chlorophyllmolekül besteht aus einem Netz von Kohlenstoff-, Wasserstoff-, Stickstoff- und Sauerstoffmolekülen. Es ist interessant, dieses Muster mit dem Hämoglobin unserer roten Blutkörperchen zu vergleichen, das ein ähnliches Netz aufweist, aber statt des Magnesiumatoms ein Eisenatom aufweist.

In dieser Analogie finden wir eines der Geheimnisse des Nutzens, den Chlorophyll für den menschlichen Körper hat. Strenge Vegetarier, deren Kost Stärkeprodukte und Körner ausschließt, aber eine Fülle von frischen Säften einschließt – mit einem reichlichen Anteil grüner Säfte –, leben länger und sind eher frei von degenerativen Krankheiten als Menschen, die hauptsächlich gekochte Nahrungsmittel zu sich nehmen und wenig oder gar keine Rohkost und Säfte. Wir haben hier einen schlüssigen Beweis dafür, welche Kost für die Menschen die richtige und natürliche ist.

Eines der Lebensmittel, das am meisten Chlorophyll enthält, ist Alfalfa. Es ist ein Lebensmittel, das alles in allem sowohl Tieren wie Menschen zu einem gesunden, vitalen und hohen Alter verhilft und eine phänomenale Widerstandskraft gegen Infektionen aufbaut.

Der Saft von frischen Alfalfas ist zu stark und zu kräftig, um pur getrunken zu werden. Am besten trinkt man ihn gemischt mit Karottensaft. In dieser Mischung werden die jeweiligen Vorteile jedes Saftes vervielfältigt. Dieser Saft hat sich als besonders hilfreich erwiesen bei Arterienbeschwerden und Störungen, die mit dem Herzen zu tun haben.

Blähungen und sonstige Darmbeschwerden führen bei einer überraschend großen Zahl von Patienten zu Herzbeschwerden, was jedoch nicht von einem organischen Herzfehler herrührt, sondern von übermäßiger Gasbildung im Dickdarm, woduch die Dickdarmwände gegen Organe gedrückt werden, die mit dem Herzen in Verbindung stehen. Darmspülungen oder Klistiere beseitigen diesen Zustand häufig. Die Herzbeschwerden verschwinden, bis die nächste Gasansammlung ein Warnsignal gibt, daß der Dickdarm, nicht das Herz, eine gründliche »Überholung« benötigt.

Chlorophyll ist nicht nur nützlich bei Blut- und Herzkrankheiten, sondern auch wirksam bei der Linderung von Atemproblemen und -beschwerden, vor allem in den Nebenhöhlen und in den Lungen. Schleim ist die eigentliche Ursache von Nebenhöhleninfektionen und -schmerzen, ebenso Bronchialbeschwerden und Asthma, einschließlich Heuschnupfen.

Vegetarier, die Kuhmilch, Mehl, Getreide und konzentrierte Zuckerprodukte meiden, leiden nicht unter diesen Beschwerden, besonders dann nicht, wenn sie von Kindheit an dazu erzogen wurden, diese Nahrungsmittel zu meiden. Dies hat ganz und gar nichts mit Fanatismus zu tun. Es ist einfach nur gesunder Menschenverstand und vollkommen natürlich, und es ist über alle Fragen hinaus durch Erfahrung bewiesen.

Die Menschen, die eine vegetarische Lebensweise annehmen, sind in der Lage, solche Beschwerden ohne Chirurgie und Medikamente loszuwerden.

Letzten Endes sind Nebenhöhlenentzündungen das Werk unserer Freunde bei der Abwehr von Krankheiten: der Bakterien, die sich bemühen, uns zu helfen, indem sie Schleimanhäufungen aufbrechen, so daß sie aus dem Körper befördert werden können. Anstatt sie zu unterstützen, indem wir mit Hilfe von Darmspülungen und Klistieren den Körper von Abfallstoffen befreien, versuchen wir, den Schleim durch Anwendung von Adrenalin, Epinephrin oder anderen Medikamenten »auszutrocknen« und die Schleimhäute »abzuschwellen«. Selbst Sulfonamidarzneimittel, von denen man heute weiß, daß sie schädlich sind – werden manchmal angewandt, ohne den Schaden oder die Gefahr zu beachten, abzuwägen oder zu verstehen, die letztlich aus ihrer Anwendung entstehen können.

Die schädlichsten Auswirkungen treten im wesentlichen ein, wenn man den Abfallstoffen, die vor allem aus diesen Medikamenten und den Absonderungen der Bakterienkolonien bestehen, erlaubt, in den »infizierten« und angrenzenden Körperteilen zu verbleiben, anstatt sie so schnell wie möglich zu entfernen.

Wir haben in unserem Körper vollkommene Ausscheidungssysteme, wenn wir sie in einen Zustand versetzen, daß sie wirksam arbeiten.

Unsere Lungen müssen frei sein von schlechter Luft, Tabakrauch usw.; unsere Haut muß aktiv sein, damit die Poren die Gifte ausscheiden können, die sie von der Lymphe erhalten; die Nieren müssen frei arbeiten können, ungestört von Alkohol und Harnsäureprodukten; und unser Dickdarm muß jede innere Reinigung bekommen, die er benötigt, um die Anhäufungen aus 30, 40, 50 oder mehr Jahren zu beseitigen.

Das ist nur ein Teil des Programms. Die Zellen und Gewebe des ganzen Körpers müssen lebendige, organische Nahrung bekommen. Das heißt, daß wir wenigstens eine Zeitlang auf alle jene Nahrung verzichten sollten, deren Lebensenergie – die Lebenskraft – durch Hitze oder Verarbeitung zerstört wurde. Sie können sich von meinem Buch *»Täglich frische Salate erhalten Ihre Gesundheit«* leiten lassen, wo Sie einfache Regeln und Rezepte finden, die Sie leicht in die Praxis umsetzen können.

Zum Karotten- und Alfalfasaft kann man auch Kopfsalatsaft hinzufügen, um die Mischung mit Wirkstoffen anzureichern, die vor allem von den Haarwurzeln benötigt werden. Der tägliche Genuß dieser Mischung – jeden Tag ein halber Liter – kann das Wachstum der Haare in einem bemerkenswerten Ausmaß fördern.

Algen

Millionen Jahre lang hat der Regen Lage um Lage des Bodens und des Schwemmsandes von den Bergen, von den Hügeln und vom restlichen Land gewaschen. Dies alles gelangte hinab auf den Grund des Meeres und machte das Bett der Ozeane dadurch zum fruchtbarsten Boden auf der Welt.

Wenn ich Fleischesser wäre, würde ich Fisch essen. Da sich Fische aus dem Inhalt der Meere und Flüsse ernähren, enthält ihr Fleisch natürlicherweise mehr Elemente – Mineralien und Spurenelemente – als irgendein anderes Tierprodukt.

Was Pflanzen angeht, so zählen Meeresalgen zu unseren wertvollsten Zusatznahrungsmitteln. Ihre Wurzeln befinden sich manchmal 6000 bis 9000 Meter unter der Meeresoberfläche, ihre Tentakel treiben zur Oberfläche, wo sie mit Hilfe der Sonnenstrahlen zu Knötchen und Blättern aufbrechen.

Die Blätter kennt man als Rotalgen. Rotalgen sind in Schottland, Irland und in vielen anderen Ländern eine wichtige Beigabe zu den Mahlzeiten. In den Vereinigten Staaten und in Kanada werden Rotalgen in Form von getrockneten Algenblättern als gesundes Nahrungsergänzungsmittel verwendet.

Die Algen mit großen Blättern werden gewöhnlich getrocknet, zerstoßen oder gemahlen und in Pulver- oder Granulatform verwendet.

Meeresalgen sind eine ausgezeichnete Quelle für organisches Jod und für Spurenelemente, deren Bedarf wir durch unser normales Gemüse und unsereSalate nicht decken können.

Wenn wir bedenken, daß mehr als 59 der Elemente in der Nahrung in gelöster Form im Meerwasser vorhanden sind, können wir verstehen, welchen Wert Nahrungsmittel aus dem Meer haben.

Es handelt sich um folgende 59 Elemente:

Actinium	Gold	Osmium	Schwefel
Aluminium	Indium	Phosphor	Stickstoff
Argon	Iridium	Platin	Strontium
Arsen	Jod	Plutonium	Tantal
Barium	Kalium	Quecksilber	Thallium
Blei	Kalzium	Radium	Thorium
Bor	Kobalt	Rhenium	Thulium
Brom	Kohlenstoff	Rubidium	Uran
Cäsium	Kupfer	Sauerstoff	Wasserstoff
Cer	Lanthan	Ruthenium	Wismut
Chlor	Lithium	Samarium	Ythrium
Chrom	Mangan	Scandium	Zinn
Eisen	Magnesium	Selen	Zink
Erbium	Natrium	Silizium	Zirconium
Fluor	Neptunium	Silber	

Wenn Sie Algen in Maßen verwenden, können Sie ziemlich sicher sein, Ihren Organismus zumindest mit einigen der Spurenelemente zu versorgen, die für Ihr Wohlbefinden notwendig sind, in Gemüse, Salaten und Früchten aber nicht enthalten sind.

Bei uns zu Hause steht gewöhnlich ein Salzstreuer auf dem Tisch, der mit Algengranulat gefüllt ist, und ein Teller mit Rotalgen, die wir zusammen mit unseren Salaten und unseren Säften essen.

Wenn Sie der »Kalium-Säftemischung« (Karotten-, Sellerie, Petersilien- und Spinatsaft) etwas Algen beigeben, vergrößern Sie den Nutzen, den Sie aus dieser Mischung ziehen können, und Sie werden feststellen, daß sie für das Drüsensystem, vor allem für die Schilddrüse, sehr nützlich ist. Algen können Sie in Ihrem Reformhaus oder

Naturkostladen bekommen. Verwenden Sie in Ihrem Essen kein Jod, wie es von Apotheken verkauft wird!

Ananassaft

Ananas enthalten fast 90 % Wasser und sind reich an Kalium, Kalzium und Natrium. Wegen der ziemlich großen Menge an Schwefel und Chlor, die ebenfalls vorhanden ist, sind sie wertvolle Reiniger.

Ananas enthalten eine große Menge Säuren, vor allem Zitronen-, Malein- und Tartarinsäure, die in ihrer organischen Form eine Verdauungshilfe sind und harntreibend wirken.

Obwohl die organischen Bestandteile während des Konservierungs- oder Eindosungsverfahrens ihre vitalen Eigenschaften verlieren, kann man dennoch gewisse zeitweilige Vorteile aus dem Genuß von Ananassäften ziehen, vorausgesetzt, daß ihnen keinerlei Zucker beigegeben wird.

Apfelsaft

Apfelsäfte regen die Tätigkeit der unteren Darmabschnitte an, sofern sie auf nüchternen Magen getrunken werden. Sie sind reich an Magnesium, Eisen und Silizium, und ihr Gehalt an Kalium ist sehr hoch. Sie enthalten in ihrem natürlichen Zustand ungefähr 85 % Wasser und sind eine wertvolle Hilfe für die Verdauung, sowohl in ihrem natürlichen Zustand als auch als frischer Saft.

Äpfel haben eine Reinigungswirkung, die vor allem dann spürbar ist, wenn die Därme verstopft sind, und bei diesem Zustand verursachen einige Sorten wahrscheinlich Unbehagen während des Reinigungsprozesses. Wenn dies der Fall ist, kann man manchmal feststellen, daß man andere Sorten mit geringeren oder ohne Beschwerden besser verwenden kann.

Der Saft frischer Äpfel ist bei Fieber und Entzündungen von großem Nutzen, wenn er roh ist. Apfelwein hat auch eine günstige Wirkung auf den Körper.

Frischer roher Apfelsaft wird häufig auch als »süßer Apfelwein« bezeichnet.

Äpfeln sollte niemals Zucker in irgendeiner Form beigegeben werden. Wenn Sie süßen wollen, sollten Sie Honig verwenden.

Apfelsinensaft

Apfelsinen (Orangen) enthalten fast 87 % Wasser und sind reich an Kalium, Kalzium und Magnesium. Sie enthalten außerdem Silizium. Die organischen Zitronensäuren und anderen Fruchtsäuren sorgen zusammen dafür, daß diese Frucht zu unseren wertvollsten zählt. Sie sind reich an Vitamin A, B und C.

Es gibt nur wenige Früchte, deren alkalische Wirkung auf eine Übersäuerung des Körpers so rasch eintritt. Häufig ist Apfelsinensaft der wertvollste Saft, den man während einer Fastenkur trinken kann; wobei sich eine Kost aus Apfelsinen und Apfelsinensaft, drei bis sechs Tage lang jeden Tag in reichlicher Menge und ohne irgendein anderes Nahrungsmittel verzehrt, als äußerst nützlich erwiesen hat.

Von der Kindheit an bis ins hohe Alter gibt es keine Frucht, die weitreichendere Wirkungen hätte als Orangen und ihr Saft. Solange sie erhältlich sind, sollte man sie täglich essen oder den Saft daraus trinken, entweder während einer Mahlzeit oder zwischen den Mahlzeiten.

Apfelsinen sollten Sie innerhalb von fünfzehn Minuten nach dem Pressen trinken, da der Saft schnell oxidiert.

Unter keinen Umständen sollten Sie Zucker hinzufügen. Wenn Sie süßen wollen, nehmen Sie Honig.

Aprikosensaft

Aprikosen gehören zu unseren delikatesten Früchten. Wegen ihrer leichten Verderblichkeit sind sie schwer zu transportieren. Drei reife Aprikosen sind eine der besten Quellen für organisches Eisen zur Bildung von roten Blutkörperchen. Silizium ist ein anderes sehr wertvolles Element, das in Aprikosen enthalten ist.

Der Wassergehalt reifer Aprikosen beträgt ungefähr 85 %, so daß man sie auch gut versaften kann.

Wenn man diese Frucht kocht, wird ihre lebensspendende Kraft zerstört. Wenn Aprikosen frisch und reif sind, sind sie eine köstliche Beigabe zu einem Früchte- oder Gemüsesalat.

Beerensaft

Beeren wie Brombeeren, Stachelbeeren, Heidelbeeren, Himbeeren und Erdbeeren sowie alle anderen Arten eßbarer Beeren sind wertvolle, nahrhafte Lebensmittel mit reinigenden Eigenschaften. Sie enthalten alle einen großen Anteil Wasser, der sich zwischen 80 % und 90 % bewegt.

Alle Beeren sind reich an Kalium und anderen Mineralien, und wenn sie reif sind, enthalten sie wertvollen, natürlichen Zucker, der bei der Reinigung des Körpers hilft.

Beerensaft ist für den Körper besonders nützlich, wenn er roh ist. Dieser Nutzen geht jedoch verloren, wenn die Säfte eingedost oder konserviert werden; in diesem Zustand ist ihre Lebenskraft zerstört, und die Elemente sind anorganisch geworden.

Birnensaft

Birnen enthalten fast 85 % Wasser und sind reich an alkalischen Substanzen. Sie haben eine stark harntreibende Wirkung und sind wertvoll als Körperreiniger.

Wenn Sie Birnen kochen, eindosen oder verarbeiten, geht der größte Teil ihres Wertes verloren, weil dabei die organischen Elemente in anorganische Stoffe umgewandelt werden.

Endiviensaft

Die Endivie ähnelt dem Kopfsalat, sie ist auch als Eskarol und als Chicorée bekannt.

Die Endivie ist mit der Löwenzahnpflanze nahe verwandt und ihre chemischen Bestandteile sind mehr oder weniger ähnlich. Die Endivie enthält Nährstoffe, die die Sehorgane ständig benötigen.

Wenn wir die Säfte der Karotte, des Selleries und der Petersilie dem Endiviensaft hinzufügen, versorgen wir die Nerven und Muskeln der Sehorgane mit Nährstoffen, was bei der Beseitigung von Augenfehlern zu erstaunlichen Resultaten geführt hat. Ein halber bis ein Liter dieser Mischung beseitigt Augenbeschwerden oft im Laufe von wenigen Monaten so weit, daß die normale Sehfähigkeit wiedergewonnen wird und keine Brille mehr getragen werden muß.

Einer der außergewöhnlichsten Fälle, den ich erlebt habe, ist der einer Dame, der der Graue Star das Augenlicht vollständig genommen hatte. Fast drei Jahre lang gab man ihr keine Hoffnung, daß sie jemals wieder würde sehen können. Sie hörte davon, wie frische rohe Gemüsesäfte wirken, und machte einen Versuch mit der Safttherapie.

Sie befolgte strikt die notwendige Reinigungsprozedur von Darmspülungen und Einläufe, um jede Störung durch Abfallstoffe im Körper zu beseitigen. Sie aß nur rohes Gemüse, Salate und Früchte und keine konzentrierten Stärke- oder Zuckerprodukte. Sie trank jeden Tag

1/2 Liter Saft aus Karotten, Sellerie,
Petersilie und Endivie,
1/2 Liter Karottensaft,
1/2 Liter Saft aus Karotten, Sellerie,
Petersilie und Spinat,
1/2 Liter Saft aus Karotten und Spinat.

Sie gewann in weniger als einem Jahr eine ausreichende Sehfähigkeit wieder, so daß sie mit Hilfe eines Vergrößerungsglases wieder Zeitung und Zeitschriften lesen konnte! Die Endivie ist unter den grünen Gemüsen eine der reichsten Quellen für Vitamin A.

Eine Mischung aus Karotten-, Sellerie- und Endiviensaft ist auch sehr hilfreich bei Asthma und Heuschnupfen, vorausgesetzt, die Ursache dieser Leiden (gewöhnlich Milch und konzentrierte Stärke- und Zuckerprodukte) wurde für immer vom Speiseplan gestrichen.

In Kombination mit Sellerie und Petersilie ist die Endivie sehr hilfreich bei Anämie und bei funktionellen Herzbeschwerden sowie als Herzstärkungsmittel. Sie ist außerdem sehr nützlich bei Krankheiten der Milz.

Endiviensaft in fast jeder Mischung regt die Gallensekretion an und ist daher sehr gut bei Leber- und Gallenstörungen.

Grüne-Bohnen-Saft

Dieser Saft ist für Diabetiker von besonderem Nutzen. Diabetes ist eine ernährungsbedingte Krankheit, die durch übermäßigen Verzehr konzentrierter Stärke- und Zuckerprodukte verursacht und durch Fleischverzehr verschlimmert wird.

Die Injektion von Insulin ist kein Heilmittel für diese Krankheit. Diabetes ist keine Erbkrankheit. Sie kann jedoch auf »ererbte« Gewohnheiten zurückgehen, konzentrierte Kohlenhydrate im Übermaß zu essen. Wenn man Kindern anorganische, gekochte Mehl- und Getreideprodukte und pasteurisierte oder gekochte Kuhmilch gibt, so ist dies einer der Gründe für die Entwicklung von Diabetes bei Kindern und schließlich bei Erwachsenen.

Insulin ist eine Substanz, die von der Bauchspeicheldrüse abgesondert wird, damit der Körper in der Lage ist, natürliche Zucker (keinen Fabrikzucker) richtig zu verwerten – als Brennstoff, der den körperlichen Aktivitäten Energie liefert. Wie ich bereits gezeigt habe, kann der Körper nur den natürlichen, lebendigen, organischen Zucker sinnvoll nutzen, den frische rohe Gemüse, Salate und Früchte überreichlich liefern.

Er kann Stärke und Fabrikzucker so, wie sie sind, nicht verwerten, sondern muß sie in »primäre« Zucker zerlegen. Stärke ist ein anorganisches Produkt, und die Zuckerarten, die im Körper daraus gebildet werden, sind ebenfalls anorganisch. Anorganische Stoffe enthalten aber keine lebendigen Enzyme. Darum wird die Bauchspeicheldrüse durch diesen Umwandlungsprozeß überlastet, und der Körper erhält nur leblose Moleküle, die keinerlei erneuernde oder nützliche Eigenschaften haben. Dies führt zur Diabetes-Krankheit.

Die Tatsache, daß sich bei Diabetikern übermäßig Fettgewebe entwickelt, ist die Folge der falschen Stimulierung durch anorganisches Insulin, die nicht nur keine Abfallstoffe verbrennt, sondern sogar dabei hilft, sie anzuhäufen.

Man hat festgestellt, daß grüne Bohnen und Rosenkohl, wenn man sie zu Saft verarbeitet, Wirkstoffe enthalten, die Bestandteile des natürlichen Insulins liefern, das in der Bauchspeicheldrüse gebildet wird.

Bei Diabetes erzielt man zufriedenstellende Resultate, wenn man auf sämtliche konzentrierten Stärke- und Zuckerprodukte verzichtet und eine Mischung aus den Säften der Karotte, des Kopfsalats, der grünen Bohne und des Rosenkohls trinkt, und zwar etwa einen Liter täglich zusätzlich zu einem halben Liter Karotten- und Spinatsaft am Tag.

Brunnenkressesaft

Dieser Saft ist außerordentlich reich an Schwefel, der mehr als ein Drittel aller anderen Mineralien und Salze in der Brunnenkresse zusammen ausmacht. Fast 45 % der Elemente in der Brunnenkresse sind säurebildend, einschließlich des Schwefels, des Phosphors und des Chlors. Da der Saft ein sehr starker Darmreiniger ist, sollte man ihn nie allein trinken, sondern er sollte immer mit anderen Säften zusammen getrunken werden; man kann ihn zum Beispiel mit Karotten- oder Selleriesaft mischen.

Unter den alkalischen Elementen dominiert Kalium mit etwas mehr als 20 %; Kalzium macht etwa 18 % aus, Natrium 8 %, Magnesium 5 % und Eisen etwa 1/4 %.

Eine Mischung aus Karotten- und Spinatsaft mit etwas Saft aus Kopfsalat, Steckrübenblättern und Brunnenkresse enthält die Bestandteile, die für die Erneuerung des Blutes und besonders für einen erhöhten Sauerstofftransport im Blut unerläßlich sind. Bei Anämie, niedrigem Blutdruck und Untergewicht ist dies eine ausgezeichnete Mischung.

Eine Mischung aus den Säften von Karotten, Spinat, Steckrübenblättern und Brunnenkresse hilft, das geronnene Blutfibrin in Hämorrhoiden und in vielen Tumorarten aufzulösen. Wenn man alle Mehl- und Zuckerprodukte und am besten auch Fleisch vom Speiseplan streicht, hat die Erfahrung gezeigt, daß ein Liter dieser Mischung, täglich getrunken, diese Zustände in ein bis sechs Monaten auf völlig natürliche Weise beseitigen kann, vorausgesetzt, es hat kein chirurgischer Eingriff stattgefunden.

Brunnenkressesaft ist eine wertvolle Beigabe zu Karotten-, Petersilien- und Kartoffelsaft. Dies ist eine Mischung, die Emphysempatienten hilft. Das Überangebot an Phosphor und Chlor hat sich dabei als nützlich erwiesen.

Fenchelsaft

Es gibt zwei Fenchelarten – den normalen Garten- oder Süßfenchel, der meist als Gewürz und als Aromastoff benutzt wird, und den Florenzfenchel, gewöhnlich als Finocchio bekannt, der in sehr großem Umfang von Italienern und anderen lateinischen Völkern verzehrt wird.

Der erstere ist hauptsächlich als Gewürz einzuordnen und ist zur Saftbereitung nicht geeignet.

Die Florentiner Art gibt jedoch einen ausgezeichneten Saft. Die Pflanze gehört zur Selleriefamilie, aber ihr Saft ist viel süßer und aromatischer als Selleriesaft. Die Pflanze wird sogar manchmal irrtümlich als Anissellerie bezeichnet, aber der italienische Name »Finocchio« wird häufiger gebraucht.

Fenchelsaft ist ein sehr wertvolles Blutbildungsmittel und daher von großem Nutzen bei Menstruationsstörungen. Er wird in diesem Zusammenhang allein oder in Kombination mit Karotten- und Rote-Bete-Saft mit Erfolg angewandt.

Grapefruitsaft

Grapefruits (Pampelmusen) sind nachweislich eine der wertvollsten Früchte bei der Beseitigung oder Auflösung anorganischen Kalziums, das sich – wie bei Arthritis – als Folge übermäßigen Verzehrs denaturierter Weißmehlprodukte in den Knorpeln der Gelenke angereichert hat. Frischer Grapefruitsaft enthält organische Salizylsäure, die hilft, anorganisches Kalzium im Körper aufzulösen.

Grapefruits sind auch reich an anderen Fruchtsäuren und Zucker. Sie enthalten fast 87 % Wasser und sind reich an Kalium und anderen alkalischen Elementen.

Geben Sie Grapefruitsaft niemals Zucker bei, da die Säure eine Gärung des Zuckers im Körper bewirkt, und dann reagiert die Frucht im Körper eher sauer als alkalisch.

Wenn Sie Grapefruits oder ihren Saft eindosen oder auf irgendeine Weise konzentrieren, geht der Wert der organischen Elemente verloren, und die Säuren werden in anorganische Säuren umgewandelt, die nur von geringem Wert für den Körper sind.

Grünkohlsaft

Grünkohl hat im wesentlichen die gleiche chemische Zusammensetzung wie Kohl und kann in derselben Weise verwendet werden. Lesen Sie nach unter »Kohlsaft« auf Seite 72.

Gurkensaft

Die Gurke ist wohl das beste natürliche Diuretikum, das wir kennen; sie fördert die Urinausscheidung. Sie hat jedoch viele andere wertvolle Eigenschaften; zum Beispiel regt sie den Haarwuchs an, da sie einen hohen Silizium- und Schwefelgehalt hat. Dies gilt vor allem dann, wenn man Gurkensaft mit Karotten-, Kopfsalat- und Spinatsaft mischt. Die Gurke enthält mehr als 40 % Kalium, 10 % Natrium, 7 1/2 % Kalzium, 20 % Phosphor und 7 % Chlor.

Die Beigabe von Gurkensaft zu Karottensaft hat eine sehr günstige Wirkung bei rheumatischen Beschwerden, die auf eine übermäßige Speicherung von Harnsäure im Körper zurückgehen. Wenn man dieser Mischung noch etwas Rote-Bete-Saft hinzufügt, beschleunigt man den allgemeinen Ablauf.

Der hohe Kaliumgehalt der Gurke macht den Saft sehr wertvoll bei hohem und niedrigem Blutdruck. Er ist ebenso hilfreich bei Zahn- und Zahnfleischbeschwerden wie z.B. Zahnfleischentzündung.

Unsere Nägel und unser Haar benötigen besonders die Kombination der Elemente, die in frischem Gurkensaft vorhanden sind. Er hilft dabei, das Brechen von Nägeln und Haarausfall zu verhindern.

Hautunreinigkeiten aller Art verschwinden durch das Trinken von Gurkensaft, dem Karotten- und Kopfsalatsaft hinzugefügt wurden. Wenn man noch ein wenig Alfalfasaft hinzufügt, kann man in manchen Fällen die Wirkung der Säfte noch weiter verbessern.

Johannisbeersaft

Die häufigsten Arten sind rote, weiße und schwarze Johannisbeeren. Sie enthalten etwa 80 % Wasser und sind reich an Kalium. Ihr Kohlenhydratgehalt beträgt etwa 11 % bei der roten, 13 % bei der gelben und fast 19 % bei der schwarzen Johannisbeere. Die roten haben einen viel höheren Säuregehalt. Sie sind jedoch alle nützlich, da sie die Sekretion verschiedener Drüsen anregen. Der frische rohe Saft von Johannisbeeren ist besonders für die Nieren und bei Entzündungszuständen im Körper wertvoll. Sie helfen außerdem, Verschleimungen im Verdauungstrakt zu lindern.

Wenn man Johannisbeeren kocht, und vor allem wenn man Zucker hinzufügt, geht ihre nützliche Wirkung verloren. Wenn man sie als Gelee oder Marmelade in Verbindung mit konzentrierten Kohlenhydraten oder Stärkeprodukten verwendet, sind sie stark säurebildend.

Kakisaft

Kakis (Persimonen oder Dattelpflaumen) enthalten mehr als 66 % Wasser und viele Kohlenhydrate. Essen oder versaften sollten Sie sie nur, wenn sie ganz reif sind; nur dann hat sich der Zucker vollständig gebildet. Sie sind reich an Kalium und Magnesium und enthalten eine gewisse Menge Phosphor, und zwar reichlicher, wenn die Frucht noch unreif ist. Kakis und ihre Säfte haben abführende Wirkung.

Kaliumbrühe

Es gibt viele Gemüse, die reich an Kalium sind. An vorderster Stellen stehen Karotten, Sellerie, Petersilie und Spinat. Wenn Sie in den Genuß des ganzen Wertes dieser Kaliumbrühe kommen wollen, sollten Sie sie in ihrem rohen, unverdünnten Zustand trinken, damit der Körper sie in ihrer natürlichen Form vollständig aufnehmen kann.

Die organischen Mineralien und Salze in dieser gemischten Kaliumbrühe umfassen praktisch die ganze Bandbreite der Mineralien und Salze, die der Körper braucht. Die Brühe reduziert übermäßige Säurebildung im

Magen und ist bemerkenswert wirksam. Es gibt wahrscheinlich kein Lebensmittel, das für den menschlichen Organismus vollständiger wäre.

Wenn Kranke nicht in der Lage sind, andere Nahrung aufzunehmen, hat sich gezeigt, daß rohe Kaliumbrühe gewöhnlich die Nahrung liefert, die den Patienten wiederherstellt. Für Rekonvaleszenten ist rohe Kaliumbrühe von unschätzbarem Wert, und es ist erstaunlich, daß nicht alle Kliniken und Sanatorien dieses Lebensmittel als regelmäßigen Bestandteil in ihre tägliche Verpflegung aufgenommen haben.

Einige Menschen finden diese Brühe nicht so schmackhaft wie reinen Karottensaft oder einige der anderen Saftmischungen. Wir müssen jedoch daran denken, daß dann, wenn der Körper nach den lebendigen Molekülen in der Nahrung hungert, die für die Erneuerung der Körperzellen und -gewebe so wichtig sind, die Zeit vorbei ist, wo die Frage des Geschmacks bei der Auswahl der Säfte, die wir benötigen, irgendeine Rolle spielt.

Wie wir festgestellt haben, kann kein Medikament den Körper mit den organischen Nahrungsmolekülen, Vitaminen und Hormonen versorgen, die unerläßlich sind für die Regeneration abgenutzter, zu Krankheiten führender Gewebe. Eine derartige Nahrung bekommt der Körper am schnellsten, wenn wir frische rohe Säfte trinken.

Da die Moleküle, aus denen sich die Zellen und Gewebe unseres Körpers zusammensetzen, Mineralien und chemische Elemente bilden und da die Drüsen, Organe und alle Körperteile Verbindungen dieser Moleküle in bestimmten Mustern darstellen, behaupte ich, daß gewisse Verbindungen lebender chemischer und mineralischer Elemente in unserer Nahrung und besonders in unseren Säften die entsprechenden Teile unseres Körpers ernähren können.

Karottensaft

Je nach der Verfassung eines Menschen kann Karottensaft unbegrenzt lange in jeder vernünftigen Menge getrunken werden – von einem halben Liter bis zu 1 bis 2 Liter täglich oder auch mehr. Er trägt zur Normalisierung aller Körperfunktionen bei. Er ist eine der besten Quellen für Vitamin A, das der Körper rasch aufnehmen kann, und enthält auch reichlich Vitamin B, C, D, G und K. Er regt den Appetit an und ist eine gute Verdauungshilfe.

Karottensaft hilft, die Knochenstruktur und die Zähne zu erhalten.

Stillende Mütter sollten viel richtig gepreßten rohen Karottensaft trinken, um die Qualität ihrer Milch zu verbessern, da Muttermilch unter bestimmten Umständen nicht genügend lebendige Wirkstoffe enthalten kann. Während der letzten Schwangerschaftsmonate kann Karottensaft die Gefahr von Kindbettfieber nach der Geburt reduzieren. Ein halber Liter Karottensaft täglich hat einen größeren Wert für den Körper als 25 Pfund Kalziumtabletten.

Karottensaft ist ein natürliches Gegenmittel für Geschwüre und Geschwulste. Er erhöht sehr die Widerstandskraft gegen Infektionen. Karottensaft verhindert Augen- und Halsentzündungen wie auch Entzündungen der Mandeln, der Nebenhöhlen und der Atemorgane im allgemeinen. Er schützt ferner das Nervensystem und ist ein unerreichtes Kräftigungs- und Vitalisierungsmittel.

Darm- und Lebererkrankungen sind manchmal auf einen Mangel an gewissen Mineralstoffen zurückzuführen, die in rohem Karottensaft enthalten sind. Es kann eine bemerkenswerte Reinigung der Leber eintreten, und Sie können feststellen, daß die Substanzen, die die Leber verstopften, sich auflösen. Häufig werden aber diese Stoffe in so reichlichem Maße freigesetzt, daß die Darm- und Harnkanäle diese Ausscheidungsmenge nicht bewältigen können, und werden dann an die Lymphe weitergeleitet und durch die Hautporen aus dem Körper ausgeschieden. Diese abgelagerten Substanzen haben eine orange oder gelbe Färbung.

Während sie aus dem Körper ausgeschieden werden, verfärben sie manchmal die Haut. Immer wenn eine solche Verfärbung nach dem Trinken von Karottensaft oder auch anderen Säften eintritt, ist dies ein Zeichen dafür, daß die Leber eine dringend notwendige Reinigung erfährt.

Nicht der Karottensaft selbst und auch nicht das Karotin kommt durch die Haut, denn diese Verfärbung tritt selbst dann ein, wenn man den Saft soweit filtert, daß er frei von allen Farbstoffen ist. Weder der Karottenfarbstoff selbst, noch der rote Farbstoff von Rote Bete kann durch die Haut dringen und den Körper rot färben. Auch Chlorophyll von grünem Gemüse und Salaten kann die Haut von innen heraus niemals grün färben.

Es ist auf jeden Fall besser, eine gesunde, samtene Haut zu haben – auch wenn sie einen leichten Karottenfarbton hat – als die bläßliche Gesichtsfarbe, die, zusammen mit ihren Pickeln und anderen Hautfehlern, den schlechten Gesundheitszustand des Körpers zeigen.

Beunruhigen Sie sich nicht über das eventuelle Auftreten einer Hautverfärbung die auf jeden Fall wieder verschwindet. Seien Sie dankbar dafür, daß eine weitere Beeinträchtigung der Leber durch das Trinken dieser Säfte aufgehalten bzw. verhindert wurde.

Die Verfärbung ist jedoch etwas geringer, wenn Sie den Reinigungsprozeß verlangsamen, indem sie auf andere Säfte überwechseln oder diese dem Karottensaft hinzufügen.

Mangel an ausreichender Ruhe und an Schlaf sowie Überarbeitung kann ebenfalls zu einer gewissen Hautverfärbung führen.

Die endokrinen Drüsen, vor allem die Nebennieren und die Keimdrüsen, benötigen Nährstoffe, die man in rohem Karottensaft findet. Manchmal hilft Karottensaft bei Unfruchtbarkeit. Die Ursache der Unfruchtbarkeit ist u.a. auf den ständigen Verzehr von Nahrungsmitteln, in denen die Vitalstoffe, besonders die Enzyme durch Kochen oder Pasteurisieren zerstört wurden, zurückzuführen.

Trockene Haut, Dermatitis und andere Hautkrankheiten sind auf den Mangel an Nährstoffen zurückzuführen, die im Karottensaft enthalten sind. Dieser Mangel spielt auch eine Rolle bei Augenproblemen wie Ophtalmie (Augenentzündung), Konjunktivitis usw.

Wenn man Karottensaft aus frischen Karotten guter Qualität richtig preßt, ist er reich an Natrium und Kalium. Er enthält ferner Kalzium, Magnesium und Eisen, während die gleichfalls enthaltenen Elemente Phosphor, Schwefel, Silizium und Chlor die Wirkung auf den menschlichen Körper in idealer Weise vervollkommnen. Als wahres Wunder wirkt Karottensaft bei der Autolyse von Geschwüren. Selbst bei Krebs hat sich roher Karottensaft als wunderbares Hilfsmittel erwiesen. Es ist jedoch unerläßlich, daß der Karottensaft richtig gepreßt wird und daß alle konzentrierten Zucker-, Stärke- und Mehlprodukte aus der Ernährung verbannt werden.

Als besonders heimtückische Ursache von Geschwüren und Krebs sind Groll, Angst, Ärger und Streß über einen langen Zeitraum hinweg anzusehen. Wenn solche negativen Gefühle nicht völlig ausgeräumt werden, helfen ansonsten wirksame Bemühungen nur wenig.

Wenn Sie größere Mengen Karottensaft getrunken haben, kommt es manchmal vor, daß Ihr Körper darauf in der einen oder anderen Weise reagiert, vielleicht verspüren Sie sogar Unbehagen. Dies ist eine ganz natürliche Folge, denn es ist ein Anzeichen dafür, daß Ihr Körper mit dem »Großreinemachen« begonnen hat und den Saft als dringend benötigtes Mittel verwendet.

Ziehen Sie nicht den Schluß, daß Sie den Saft nicht vertragen; Karottensaft ist das allerbeste organische Wasser und die beste Art von Nahrung, die Ihr Körper braucht. Wenn der Saft frisch ist und richtig gepreßt wurde, gibt es nichts Besseres, das Ihnen die notwendigen Vitalstoffe und das lebenswichtige organische Wasser für Ihre Zellen und Ihr Gewebe liefern kann.

Die Zugabe von etwas roher Ziegenmilch oder reiner Sahne von Rohmilch gibt dem Karottensaft einen etwas exotischen Geschmack und stellt für manchen Menschen eine Abwechslung dar.

Dabei möchte ich sagen, daß Sahne einfach ein Fett ist, während Milch ein konzentriertes Eiweißprodukt ist. Sahne wird in unserem Körper ganz anders verdaut als Milch. Obwohl auch Sahne bis zu einem gewissen Grade schleimbildend ist, gehört sie nicht in die gleiche Gruppe schädlicher Nahrungsmittel wie Tiermilch.

Wenn Sie von Müdigkeit, Streß oder nachlassender Leistungsfähigkeit betroffen sind, sollten Sie an Ihren Dickdarm denken, der vielleicht für Probleme und Schädigungen in unserem Körper verantwortlich sein kann. Nach meiner Erfahrung ist es völlig unmöglich, daß ein Dickdarm gesund bleibt und richtig arbeitet, wenn Sie hauptsächlich oder gänzlich von gekochten und verarbeiteten Nahrungsmitteln leben.

Die erste Maßnahme zur Darmsanierung bei Streß oder Leistungsrückgang ist eine Reihe von Darmspülungen oder zumindest eine Anzahl von Einläufen. Die beste

Nahrung für den Dickdarm ist eine Mischung aus Karotten- und Spinatsaft.

Viele Menschen haben nicht die geringste Vorstellung über ihren Dickdarm. Sie wissen nicht, wie er aussieht oder wo er sich im Körper befindet. Daher halte ich es für wichtig, hier eine Abbildung wiederzugeben. Dieses »Schaubild der Dickdarmtherapie« ist 40 x 29,8 cm groß und dafür gedacht, daß Sie es rahmen und an die Wand Ihres Büros oder in Ihrer Wohnung aufhängen. Lesen Sie auch mein Buch »Darmgesundheit ohne Verstopfung«.

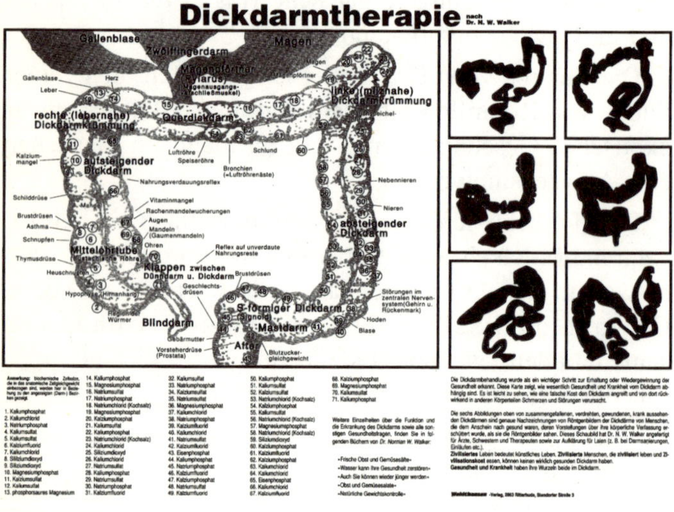

Denken Sie daran, daß die Säfte, die der Körper braucht, von ihrer Qualität abhängig sind. Gewöhnlich benötigt der Körper viel größere Mengen an Säften, wenn diese mit Entsaftern hergestellt werden, die mit Zentrifugalkraft arbeiten. Viel besser sind Entsafter, die die Fasern zunächst aufreißen und dann wie eine hydraulische Presse arbeiten wie z.B. der Champion-Entsafter.

Seien Sie sich folgender Tatsache stets bewußt: Säfte sind die allerbeste Nahrung, die Sie bekommen können, und wenn Sie diese regelmäßig trinken, solange Sie leben, dann haben Sie gute Aussichten, ein gesünderes Leben zu führen und länger zu leben, als Sie ohne Säfte leben würden.

Karottensaft setzt sich aus einem Vitalstoffgemisch zusammen, das den ganzen Körper aufbaut und ihm dabei hilft, sowohl sein Gewicht als auch sein Gleichgewicht zu erhalten.

Er ist vor allem auch eine gute Nahrung für die Sehorgane. Bei Untersuchungen der Sehkraft von Marine- und Fliegeranwärtern wurden bei Bewerbern mit ungenügender Sehkraft festgestellt, daß bei täglich reichlich frischem Karottensaftgenuß die erforderliche perfekte Sehfähigkeit wieder erreicht wurde.

Wenn dies nur vereinzelt vorkäme, würde man es ohne Zweifel als Phänomen oder als Zufall ansehen. Wenn es jedoch wiederholt geschieht, besteht sicherlich ein ausreichender Grund dafür zu erkennen, daß es mehr Dinge zwischen Himmel und Erde gibt, als selbst der am besten ausgebildete Mediziner sich vorstellen kann.

Nicht weniger wirksam ist frischer roher Karottensaft bei der Behandlung von Geschwüren und von Krebs. Gewebe, die von diesen heimtückischen Zerstörungen ausgezehrt wurden, konnten durch reichliches Trinken von Karottensaft als Ergänzung einer sorgfältig ausgewählten und zubereiteten Rohkost wieder in einen besseren Zustand gebracht werden.

Der Laie ist beim bloßen Gedanken an dieses Leiden gewöhnlich von Scheu und Furcht ergriffen und steht vor einem Rätsel; und doch ist ihre Ursache und ihre Entwicklung wirklich leicht zu verstehen.

Wir dürfen uns nicht vorstellen, daß Geschwüre und Krebs nur von körperlichen Mängeln herrührten. Wie ich bereits gezeigt habe, können diese Krankheiten und viele andere sehr wohl auf eine lebenslange negative Einstellung zurückzuführen sein, auf Streß als Folge von Gemütszuständen wie Eifersucht, Furcht, Haß, Sorge, Frustration und anderen unbestimmbaren Fehlhaltungen. Diese Zustände müssen aufgelöst und gebannt werden. Trotzdem ist auch falsche Ernährung ganz sicherlich eine Mitursache.

Beim Mangel an lebendiger Nahrung kommt der Körper aus dem Gleichgewicht. Andererseits muß der Körper von Abfallstoffen gereinigt werden, damit die entstehenden Gifte ausgeschieden werden und die Heilprozesse nicht stören.

Wir müssen unseren Körper mit einer Fülle an lebenswichtigen Vitalstoffen versorgen, die wir nur in lebendiger Nahrung finden, um die Zellen zu erneuern.

Je früher wir erkennen, daß kein einziges Organ im menschlichen Körper ohne Beziehung zum Körper als Ganzes arbeitet, desto früher sind wir imstande, die Funktionen unseres Organismus zu verstehen. Wir wissen nicht, welche Art von Intelligenz die verschiedenen Teile des menschlichen Organismus besitzen oder auf welche Weise sie arbeiten; aber wir wissen, daß sich eine innere Intelligenz ständig darum bemüht, jede Drüse, jeden Knochen, jeden Nerv und jeden Muskel unseres Organismus zu schützen, trotz allem, was der Mensch aufgrund fehlenden Wissens unternimmt, um sich durch die Nahrung, die er ißt, selbst zu zerstören.

Die Suche nach der Ursache fast jeder Krankheit führt uns zuerst zu den Regalen mit Dosennahrung in den Lebensmittelgeschäften, zu den Getreidemühlen und zu den Zucker-, Bonbon- und Limonadenfabriken. Hier finden wir die Produkte, die tote Vitalstoffe enthalten, aus denen die moderne Zivilisationskost besteht. Kein gebackenes Brot oder verarbeitetes Getreide ist nicht durch die Hitze des Backofens gegangen, wo alle lebendigen Elemente zerstört wurden, die vielleicht vorhanden waren. Wenn die Industrie dieses Brot mit Vitaminen, Mineralstoffen oder dergleichen »anreichert«, werden nur noch mehr tote Elemente hinzugefügt.

Wenn man die Ernährungslage unter diesen Aspekten analysiert, ist es ganz offensichtlich, daß es von grundlegender Bedeutung ist, reichliche Mengen verschiedener Früchte, Salate und Gemüse zu essen oder deren Säfte zu trinken. Denken Sie daran, daß Gemüsesäfte die Baumeister des Körpers sind, und Fruchtsäfte ideale Reinigungsmittel für den Körper sind. Erstere enthalten einen höheren Eiweißanteil, während die letzteren eine größere Menge Kohlenhydrate enthalten.

Für den Laien ist es interessant, aber für Krebsstiftungen und ähnliche Einrichtungen wahrscheinlich geschäftsschädigend zu erfahren, daß Menschen, die ausschließlich von frischen rohen Lebensmitteln leben, ergänzt durch frische rohe Gemüse- und Fruchtsäfte, keinen Krebs bekommen.

Dies zeigt eine ganz unorthodoxe, aber sehr vielversprechende und viel weniger kostpielige Forschungsrichtung auf. Forschung in dieser Richtung mag für einige Wissenschaftler äußerst beunruhigend sein; aber für die Kranken wären sie zweifellos von großem Nutzen.

Ich habe festgestellt, daß die Reinigung des Körpers durch Darmspülungen und Einläufe, der Verzehr einer ausreichenden Menge Rohkost sowie das Trinken einer Vielfalt von frischen Säften uns von Krankheiten freihalten.

Karotten-, Rote Bete- und Gurkensaft

Gallensteine, Nierensteine und Gries in der Gallenblase und in den Nieren sind Folgen der unvollständigen Ausscheidung von anorganischen Kalziumablagerungen, die sich nach dem Verzehr konzentrierter Stärke- und Zuckerprodukte bilden.

Die Gallenblase ist durch die Leberpforte und den Gallenausführungsgang unmittelbar mit der Leber und mit dem Blut verbunden. Alle Nahrung, die wir essen, wird im Verdauungstrakt »zerlegt«, und die Wirkstoffe, die sie enthält, werden zur weiteren Verarbeitung und Zerlegung vom Blut zur Leber befördert. Konzentrierte Getreide- oder Mehlprodukte können nicht zur Regeneration von Zellen und Geweben richtig genutzt werden, vor allem dann nicht, wenn sie durch Hitze denaturiert wurden. Die Mineralstoffe müssen aber die Leber durchlaufen, und darunter befindet sich auch Kalzium. Stärkemoleküle sind nicht wasserlöslich.

Kalzium wird vom Körper dringend gebraucht, aber wasserlösliches, organisches Kalzium erhalten Sie nur durch den Verzehr von Salaten, Gemüse und Früchten sowie deren Säfte, wenn sie roh sind. Dann wird das Kalzium vollständig vom Körper zum Aufbau von Zellen und Gewebe aufgenommen.

In allen konzentrierten Stärke- und Zuckerprodukten, die erhitzt wurden, wird Kalzium anorganisch und ist nicht mehr wasserlöslich. Es ist ein Fremdkörper im Organismus, und als solcher wird es vom Blut- und Lymphsystem bei nächster Gelegenheit zu den Ausscheidungsorganen gebracht. Der erste »Abladeplatz« ist der Gallengang, der das Kalzium in die Gallenblase befördert. Als nächstgeeigneten Platz kann man die »Sackgassen« der Blutgefäße bezeichnen, entweder im

Unterleib – was zu Tumoren führen kann – oder im Anus, was zu Hämorrhoiden führen kann. Die anorganischen Kalziummoleküle, die diesem Schicksal entgehen, enden gewöhnlich in den Nieren.

Einige Moleküle anorganischen Kalziums in der Gallenblase oder in den Nieren mögen nicht viel Schaden verursachen. Wenn man aber fortfährt, Brot, Getreide, Kuchen und andere Mehlprodukte zu essen, häufen sich die Ablagerungen immer mehr an und führen zur Bildung von Gries oder Steinen in diesen Organen.

Meine langen Erfahrungen haben gezeigt, daß die Entfernung dieser Ablagerung durch chirurgischen Eingriff sowohl unnötig als auch falsch ist, außer vielleicht in besonders extremen Fällen; und selbst dann ist es immer noch zweifelhaft, ob man nicht bessere Ergebnisse erhalten würde, wenn man der Natur, der großen Heilerin, durch Anwendung natürlicher Mittel helfen würde.

Der Saft einer Zitrone auf ein Glas heißes Wasser, mehrere Male am Tag getrunken, ergänzt durch ein Glas gemischten Karotten-, Rote Bete- und Gurkensaft, drei- oder viermal am Tag, hat sehr vielen Leidenden wieder dazu verholfen, sich sowohl von Gries als auch von Steinen innerhalb von ein paar Tagen oder Wochen zu befreien.

Um ein Beispiel anzuführen, möchte ich von der Erfahrung eines Mannes in den Vierzigern berichten, der in der Geschäftswelt sehr angesehen war. Auf seinem Wege zum Reichtum hatte er mehrere große, landesweite Ladenketten und eine oder zwei in Großbritannien gegründet. Mehr als zwanzig Jahre lang hatte er an akuten Schmerzen gelitten, die von Ärzten und Kliniken als Anzeichen für Gallensteine diagnostiziert wurden, was durch Röntgenaufnahmen mit und ohne Idolphthalein bestätigt wurde; dieser Farbstoff wird benutzt, um die Erkrankung ausfindig zu machen. Seine Angst und Abneigung gegen eine

Operation halfen seiner Gallenblase, dort zu bleiben, wo sie hingehört.

Nachdem er von der Säftetherapie gehört und eine der früheren Auflagen dieses Buches gelesen hatte, vertraute er sich jemandem an, der aufgrund seiner Erfahrung in der Lage war, ihm zu helfen. Es wurde ihm erklärt, wenn man ihn mit diesen Säften behandle, könne dies zu schlimmeren Schmerzen führen, als er sie je gehabt habe: diese Schmerzen würden aber jeweils nur einige Minuten oder vielleicht eine Stunde anhalten und schließlich zusammen mit dem Abgang des aufgelösten Kalziums wieder aufhören. Er trank den ganzen Tag über zehn oder zwölf Gläser heißes Wasser, jeweils mit dem Saft einer Zitrone, und etwa eineinhalb Liter Karotten-, Rote Bete- und Gurkensaft täglich. Am zweiten Tag hatte er jeweils zehn bis fünfzehn Minuten lang einige schreckliche Schmerzanfälle. Gegen Ende der Woche kam es zur Krise, und etwa eine halbe Stunde lang wälzte er sich schmerzgepeinigt auf dem Boden. Plötzlich verließen ihn aber die Schmerzen und kurze Zeit später gingen Steine ab und sein Urin sah schlammähnlich aus. An diesem Tag wurde er ein neuer Mensch. Am nächsten Tag machte er mit mir in meinem Auto eine lange Reise nach New York, Washington und Kanada. Er fühlte sich zwanzig Jahre jünger und staunte, wie einfach die Wunder der Natur sein können.

Dies ist kein Einzelbeispiel. Tausende haben in der ganzen Welt bezeugt, welche Vorteile man aus frischen rohen Gemüsesäften haben kann.

Die Mischung aus Karotten-, Rote Bete- und Gurkensaft ergibt eines der besten Reinigungsmittel für die Gallenblase, die Leber, die Nieren und die Prostata sowie für die Geschlechtsdrüsen.

Etwas anderes, woran Sie denken müssen, ist die Tatsache, daß sich im Körper, wenn Sie Fleisch essen, eine übermäßige Menge an Harnsäure bildet, die von den Nieren offensichtlich nicht immer vollständig ausgeschieden werden kann und daher eine Belastung für diese Organe darstellt, was wiederum Auswirkungen auf den ganzen Körper hat. Darum ist diese Säftekombination insofern von unschätzbarem Wert, als sie hilft, den Organismus zu reinigen. Gleichzeitig hat es sich als ratsam herausgestellt, auf konzentrierte Zucker- und Stärkeprodukte sowie auf Fleisch wenigstens für eine Weile völlig zu verzichten, um dem Körper Gelegenheit zu geben, sich wieder in einen Normalzustand zu versetzen. Sobald die Gesundheit des Körpers wiederhergestellt ist, sollten Sie aber wissen, daß Sie, sofern Sie wieder krank werden wollen, lediglich wieder den Verzehr denaturierter Nahrungsmittel aufzunehmen brauchen. Es lohnt sich, Gesundheit, Kraft, Energie und Vitalität zu behalten und auf Nahrungsmittel zu verzichten, die zwar schmackhaft, aber nicht nahrhaft sind.

Nahrhafte Lebensmittel sind auch schmackhaft, oder Sie können sie noch schmackhafter machen, wenn Sie wissen wie. Lesen Sie dazu mein Buch *»Täglich frische Salate erhalten Ihre Gesundheit«*.

Karotten-, Rote Bete- und Kokosnußsaft

Durch die Beigabe von etwas reiner Kokosnußmilch erhalten Sie eine Mischung aus Karotten-, Rote Bete- und Kokosnußsaft, die nicht nur gute körperaufbauende Eigenschaften hat, sondern gleichzeitig als Reiniger der Nieren und der Gallenblase wirkt. Wenn diese Mischung richtig zubereitet wird, bleiben die alkalischen Elemente Kalium, Natrium, Kalzium, Magnesium und Eisen erhalten, ebenso wie die Elemente Phosphor, Schwefel, Silizium und Chlor in einem ausgewogenen Verhältnis.

Kartoffelsaft

Die rohe Kartoffel enthält leicht verdauliche natürliche Zucker, die beim Kochen in Stärke umgewandelt werden. Kartoffeln sollten vom Speiseplan aller Menschen gestrichen werden, die an Geschlechtskrankheiten leiden oder deren Geschlechtstrieb zu stark ist.

Die Kombination von gekochtem Fleisch und Kartoffeln verstärkt die Wirkung des giftigen Solonins in der Kartoffel (ein Alkaloidgift, das in Kartoffeln, die grün sind, besonders reichlich enthalten ist), das die Nerven beeinflußt, die die Geschlechtsorgane kontrollieren. Dies, zusammen mit der Anwesenheit von Harnsäurekristallen aus der Fleischverdauung, kann diese Organe übermäßig reizen.

Der Saft roher Kartoffeln hat sich jedoch als sehr nützlich bei der Beseitigung von Hautunreinheiten erwiesen. Diese Reinigungswirkung ist auf den hohen Gehalt an Kalium, Schwefel, Phosphor und Chlor in der Kartoffel zurückzuführen. Diese Elemente sind aber nur dann von Wert, wenn die Kartoffel roh ist. Wenn man die Kartoffel kocht, verwandeln sie sich in anorganische Bestandteile, und als solche sind sie kaum oder gar nicht verwertbar.

Frische, rohe, organisch angebaute Kartoffeln sind sehr wohlschmeckend. Viele Leute mögen sie, und sie sind ohne Frage ein gutes Lebensmittel.

Roher Kartoffelsaft hat sich als gutes Reinigungsmittel für den Organismus erwiesen, vor allem dann, wenn man ihn mit Karottensaft mischt.

Der Saft roher Kartoffeln, gemischt mit Karotten- und Selleriesaft, ist ein Segen für alle, die an Magen-, Nerven- und Muskelbeschwerden leiden, z.B. an Gicht und Ischias. In diesen Fällen bewirkt ein halber Liter dieser Mischung als Beigabe zu einem halben Liter Karotten-,

Rüben- und Gurkensaft, täglich getrunken, in überraschend kurzer Zeit ein völliges Abklingen dieser Beschwerden, vorausgesetzt, daß Fleisch, Geflügel und Fisch gemieden werden.

Manchen Emphysempatienten wird geholfen, wenn sie eine Mischung aus Karotten-, Petersilien- und rohem Kartoffelsaft trinken.

Die Süßkartoffel ist in botanischer Hinsicht nicht mit der gewöhnlichen oder »irischen« Kartoffel verwandt. Sie enthält ein Drittel mehr Kohlenhydrate in Form von natürlichem Zucker als die gewöhnliche Kartoffel, dreimal so viel Kalzium, zweimal so viel Natrium, mehr als zweimal so viel Silizium und mehr als viermal so viel Chlor.

Darum ist der Saft der Süßkartoffel von noch größerem Wert als der Saft der gewöhnlichen Kartoffel. Wenn man sie auswählt, muß man vorsichtig sein, da sie leichter verdirbt als die gewöhnliche Kartoffel, wenn sie Druckstellen oder schadhafte Stellen hat, die rasch die ganze Knolle »anstecken«.

Kirschsaft

Kirschen enthalten fast 80 % Wasser und sind reich an natürlichem Fruchtzucker sowie an Mineralien.

Die dunklen Kirschen sind für den Körper von größerem Nutzen als die helleren, da sie eine größere Menge an Magnesium und Eisen enthalten sowie viel Silizium. Sie sind wertvoll als Blutreiniger, sie stimulieren die Absonderung von Verdauungssäften und von Urin. Sie sind wirksame Reinigungsmittel für die Leber und die Nieren.

Während der Saison kann man gute reife Kirschen preiswert einkaufen und der Saft schmeckt phantastisch.

Kohlsaft

Zwölffingerdarmgeschwüre reagieren in fast wunderbarer Weise, wenn Sie Kohlsaft trinken. Der einzige Nachteil ist oftmals eine übermäßige Gasbildung. Reiner Karottensaft kann mit gleichem Erfolg angewandt werden, und die meisten Menschen finden diesen schmackhafter.

Kohlsaft wirkt wunderbar als Reiniger und als Mittel zur Gewichtsabnahme. Manchmal kann er etwas Unbehagen verursachen, da sich – wie schon gesagt – nach dem Trinken in den Därmen Gas bildet. Dieses Gas ist die Folge faulender Abfallstoffe in den Därmen, die vom Kohlsaft gelöst werden. Dadurch wird eine chemische Reaktion in Gang gesetzt. Dies ist ein natürlicher Vorgang. Schwefelwasserstoff, ein faulig riechendes Gas, ist das Produkt der reinigenden Stoffe im Saft, die auf die Abfallstoffe einwirken und sie auflösen. Darmspülungen unterstützen die Ausscheidung sowohl des übermäßigen Gases als auch der Abfallstoffe, von denen es gebildet wird.

Das wertvollste im Kohl sind sein hoher Schwefel- und Chlorgehalt und der ziemlich hohe Jodgehalt. Die Verbindung von Schwefel und Chlor bewirkt eine Reinigung der Schleimhäute im Magen und im Darmtrakt, aber dies gilt nur dann, wenn der Kohlsaft in rohem Zustand und ohne Zusatz von Salz getrunken wird.

Wenn sich nach dem Trinken von rohem Kohlsaft übermäßig viel Gas bildet – entweder bei reinem Kohlsaft oder bei einer Mischung mit anderen rohen Säften –, kann dies ein Anzeichen für einen abnormen Vergiftungszustand im Verdauungstrakt sein. In diesem Fall hat es sich als empfehlenswert herausgestellt, die Därme – bevor Sie viel Kohlsaft trinken – erst einmal gründlich zu reinigen, indem Sie täglich zwei oder drei Wochen lang Karotten-

oder Karotten- und Spinatsaft trinken und täglich Einläufe machen. Es hat sich gezeigt, daß Kohlsaft, sobald die Därme in der Lage sind, ihn aufzunehmen, ein unschätzbarer Reiniger ist, vor allem bei übermäßigem Gewicht und bei Fettleibigkeit.

Wenn Sie rohem Karottensaft rohen Kohlsaft hinzufügen, so stellt dieser Saft eine ausgezeichnete Quelle für Vitamin C dar, das als Reinigungsmittel besonders hilfreich ist bei Zahnfleischentzündungen, die zu Parodontose geführt hat. Wenn man den Kohl jedoch kocht, wird die Wirkung der Enzyme, Vitamine, Mineralien und Salze zerstört. Hundert Pfund gekochter oder eingedoster Kohl können nicht den gleichen Nährwert liefern, wie ein viertel Liter richtig bereiteter, reiner roher Kohlsaft.

Kohlsaft wird oft mit Erfolg angewandt, um Geschwüre und Verstopfung zu lindern. Da Verstopfungen gewöhnlich die Hauptursache von Hautausschlägen sind, können Sie diesen auch durch Trinken dieses Saftes abhelfen.

Das Hinzufügen von Salz zu Kohl oder zu seinem Saft zerstört nicht nur seinen Wert, sondern ist außerdem schädlich.

Kopfsalatsaft

Kopfsalat ist für den Körper in vieler Hinsicht von großem Wert. Er enthält große Mengen an Eisen und Magnesium. Eisen ist das aktivste Element im Körper, und es muß häufiger erneuert werden als jedes andere Element. Die Leber und die Milz sind die Speicher, in denen Eisen für einen plötzlichen Bedarf des Körpers gelagert wird, zum Beispiel zur raschen Bildung von roten Blutkörperchen nach einem schweren Blutverlust. In der Leber wird Eisen unter anderem zu einem bestimmten Zweck gespeichert. Es soll im Notfall Mineralien in jeden Teil des Körpers bringen, wie etwa bei Hämorrhagie (Austritt von Blut aus den Gefäßen) und auch dann, wenn die verzehrte Nahrung nicht die erforderliche Menge dieses Elements in organischer Form enthält.

Die Speicherung des Eisens in der Milz wirkt wie eine elektrische Speicherbatterie, wo das Blut mit der notwendigen Elektrizität aufgeladen wird, damit es seine Aufgaben richtig erfüllen kann. Das Magnesium im Kopfsalat hat außergewöhnliche vitalisierende Kräfte, vor allem in den Muskelgeweben, im Gehirn und in den Nerven. Organische Magnesiumsalze sind Zellbildner, besonders im Nervensystem und im Lungengewebe. Sie helfen außerdem dabei, die Dünnflüssigkeit des Blutes und andere Funktionen aufrechtzuerhalten, ohne die es dem Stoffwechsel nicht möglich wäre, richtig zu arbeiten.

Da Magnesiumsalze nur dann richtig wirken können, wenn genügend Kalzium vorhanden ist, macht die Verbindung dieser Elemente im Kopfsalat dieses Lebensmittel besonders wertvoll.

Wenn Sie Kopfsalatsaft mit Karottensaft mischen, werden seine guten Eigenschaften noch verstärkt durch den Zusatz von Vitamin A aus der Karotte und auch durch deren wertvolles Natrium, das dabei hilft, das Kalzium im Kopfsalat in gelöstem Zustand zu erhalten, bis es vom Körper benötigt wird.

Kopfsalat enthält ferner mehr als 9 % Phosphor, einer der Hauptbestandteile des Gehirns, und eine reichliche Menge Schwefel, das Bestandteil des Bluthämoglobins ist und dort als Oxidationsmittel dient. Viele Nervenstörungen gehen hauptsächlich auf diese beiden Elemente – Schwefel und Phosphor – zurück, wenn sie in anorganischer Form verzehrt werden, wie z.B. in Getreideprodukten und im Fleisch.

Zusammen mit Silizium, von dem Kopfsalat mehr als 8 % enthält, sind Schwefel und Phosphor notwendig für den gesunden Zustand und die Entwicklung der Haut, der Sehnen und des Haares. Es liegt an der übermäßigen Menge dieser Elemente in ihrer anorganischen Form – z.B. wenn Sie viel Getreideprodukte und andere denaturierte Nahrungsmittel essen –, daß die Haarwurzeln nicht die richtige Nahrung bekommen. Dies ist einer der Gründe für Haarausfall.

Wenn Sie jeden Tag reichlich Saft aus Karotten, Kopfsalat und Spinat trinken, versorgen Sie die Haarnerven und -wurzeln mit Nahrung, und dadurch können Sie das Haarwachstum anregen. Haarwässer haben wenig oder keinen Wert, außer daß sie der Kopfhaut zu einer Massage verhelfen. Sie können das Haar nicht ernähren, sondern sie regen nur die Tätigkeit der Nerven und der Blutgefäße an und helfen so der richtigen Nahrung, durch das Blut die Haarwurzeln zu erreichen.

Eine weitere wirksame Saftmischung, um das Wachstum des Haares zu fördern und ihm wieder seine natürliche Farbe zu geben, ist der Saft aus Karotten, Kopfsalat, grünem Paprika und frischer Alfalfa.

Wenn man Kopfsalatsaft zu therapeutischen Zwecken bereitet, ist es am besten, die Blätter zu nehmen, deren Grün etwas dunkler ist, und jene zu meiden, die sich im Innern des Salatkopfes befinden und weiß geblieben sind. Die Außenblätter sind viel reicher an Chlorophyll und an anderen lebendigen, wichtigen Wirkstoffen als die Innenblätter.

Der Saft aus Kopfsalatblättern ist für alle, die an Tuberkulose oder Magenbeschwerden leiden, eine große Erleichterung. Er ist ferner ein gutes harntreibendes Mittel.

Wegen seines Eisengehalts und anderen wertvollen, lebendigen Elementen gibt man Kindern Kopfsalatsaft mit Karottensaft.

Knoblauchsaft

Metaphorisch gesprochen ist die Knoblauchzwiebel selbst schon schlimm genug; aber reiner Knoblauchsaft kann für denjenigen, der ihn trinkt, zu vernichtender sozialer Ächtung führen. Er ist sehr nützlich, wenn man die seelische Stärke hat, mit sozialen Problemen fertigzuwerden, und wenn die Därme stark genug sind, das Unbehagen auszuhalten, das mit der mehr oder weniger schnellen Reinigung des Körpers einhergeht.

Knoblauch ist reich an Senfölen, und dies hat in Verbindung mit dem Gemisch von reinigenden Substanzen, aus denen Knoblauch sich zusammensetzt, eine starke Wirkung auf den ganzen Organismus, von der Anregung des Appetits und der Absonderung von Verdauungssäften bis zur Förderung der Peristaltik und der Harnausscheidung.

Die Äther im Knoblauchsaft sind so stark und durchdringend, daß sie Schleimansammlungen in den Nebenhöhlen, in den Bronchien und in den Lungen auflösen helfen. Sie helfen bei der Ausscheidung von Giften aus dem Körper durch die Hautporen, so daß wir uns fragen, ob die Ausdünstung der Knoblauchdüfte überhaupt besser ist als die ruhenden Gifte in unserem Inneren.

Knoblauchsaft hat sich bei der Beseitigung von Darmschmarotzern als sehr wirksam erwiesen. Ruhr kann mit diesem Saft sehr wirkungsvoll gebessert werden, und Amöbenruhr spricht nicht weniger auf ihn an als andere Ruhrarten. Parasiten und Bakterien – seien es Amöben oder andere – können jedoch nicht leben, es sei denn, es ist ein Nährboden für sie da, auf dem sie gedeihen. Wenn die Ausscheidungsorgane mit faulenden Abfallstoffen angefüllt sind, sind Bakterien natürlich zu Millionen vorhanden, und wenn durch den täglichen Verzehr von Fleisch, anderen anorganischen Nahrungsmitteln und Medikamenten sich ständig mehr Abfallstoffe anhäufen, sind diese Bakterien und Parasiten in ihrem Element und sie gedeihen und pflanzen sich fort. Dies ist wundervoll für die Bakterien, aber beunruhigend für das Opfer. Knoblauchsaft hilft somit, einen großen Teil dieser Störungen zu beseitigen; aber um die Ursache zu beseitigen, müssen wir viel weiter gehen. Darmbäder durch Darmspülungen und Einläufe sind unerläßlich, um die Abfallstoffe gründlich hinauszubefördern. Die Kost wird dann so zusammengestellt, daß die Nahrung möglichst vollständig und mit der geringsten Belastung durch im Körper zurückbleibenden Abfall aufgenommen wird. Dies kann man mit Erfolg erreichen durch eine reichliche Menge und eine genügende Vielfalt frischer roher Gemüsesäfte als Ergänzung zu einer wohlausgewogenen Rohkost.

Wenn Sie jedoch Knoblauchsaft zubereiten, schließt dies die Verwendung des Entsafters für andere Säfte nahezu aus; denn wenn Sie das Gerät erst einmal dafür benutzt haben, ist es mehrere Tage lang fast unmöglich, das Aroma zu beseitigen, und alle Säfte, die man mit diesem Gerät herstellt, können Knoblauchgeschmack haben!

Lattichsaft

Obwohl der Lattich ein Mitglied der Salatfamilie ist, hat er eine ganz andere chemische Zusammensetzung als Kopfsalat. Er stammt von der Insel Cos im griechischen Archipel, und in Großbritannien ist er als Cos-Salat bekannt.

Der Saft des Lattichs mit der Beigabe einer kleinen Menge Meeresalgen hat nach meiner Erfahrung Eigenschaften, die die Nebennierenrinde bei der Absonderung ihres Hormons – des Adrenalins – unterstützen, das den Körper im Gleichgewicht hält.

Sein besonderer Wert liegt in seinem reichen Natriumgehalt, der 60 % über dem Kaliumgehalt liegt. Dies macht ihn zu einem der nützlichsten Säfte, zum Beispiel bei der Addisonschen Krankheit, bei der die Nebennieren betroffen sind und eine möglichst große Menge organisches Natrium bei einem relativ niedrigen Kaliumanteil benötigen, um das Hormondefizit der Nebennierenrinde auszugleichen.

Bei der Behandlung der Addisonschen Krankheit habe ich bemerkenswerte Resultate gesehen, wenn täglich frische rohe Säfte getrunken wurden, in denen diese Zusammensetzung vorherrschend war. Der Ernährung wurden alle konzentrierten Stärke- und Zuckerprodukte, alle Arten von Fleisch und alle Gemüse, die im Vergleich zum Natrium zuviel Kalium enthielten, enthalten. Dies engte die Auswahl an Gemüse und ihren Säften ein auf Rüben, Sellerie, Lattich, Spinat und Mangold. Außerdem wurden der Kost frische Granatäpfel, Erdbeeren, Tomaten und Feigen, Honig, Mandeln und Nüsse hinzugefügt.

Jedem der obengenannten Säfte wurde frischer roher Karottensaft beigegeben. In einigen extremen Fällen hat sich etwas frische rohe Ziegenmilch mit Karottensaft als hilfreich herausgestellt.

Auf dieser Grundlage und mit einem normalen Reinigungsprogramm – Darmspülungen und Einläufe – wurden ausgezeichnete Resultate erzielt.

Lauchsaft

Lauchsaft ist milder als Zwiebel- und Knoblauchsaft. Die Informationen zum Knoblauchsaft gelten zu einem guten Teil auch für Lauchsaft.

Löwenzahnsaft

Dieser Saft ist eines unserer wertvollsten Stärkungsmittel. Er ist nützlich, um Übersäuerungszuständen entgegenzuwirken und den alkalischen Zustand des Körpers wiederherzustellen. Löwenzahn enthält außergewöhnlich viel Kalium, Kalzium und Natrium und ist ein Lebensmittel mit dem höchsten Magnesium- und Eisengehalt.

Magnesium ist sehr wichtig, um dem Skelett Festigkeit zu geben und um eine Knochenerweichung zu verhindern. Eine ausreichende Menge organischen Magnesiums und Kalziums in der Nahrung während der Schwangerschaft hilft dabei, den Verlust oder die Zerstörung der Zähne zu verhindern. Sie gibt den Knochen des Kindes Festigkeit und Stärke.

Organisches Magnesium im richtigen Verhältnis zu Kalzium, Eisen und Schwefel ist unerläßlich zur Bildung bestimmter Blutbestandteile. Dieses Magnesium hat starke vitalisierende Kräfte und ist ein Bestandteil der Körperzellen, vor allem der Gewebe der Lungen und des Nervensystems.

Organisches Magnesium kann man nur aus lebenden, frischen Pflanzen gewinnen, und man muß es frisch und roh zu sich nehmen. Es darf nicht mit industriellen Magnesiumpräparaten vermischt werden, die als anorganische Mineralien die Körperfunktionen stören.

Alle chemischen Magnesiumpräparate, seien es Pulver oder sogenannte Milchpräparate, führen zur Ablagerung anorganischer Abfallstoffe im Organismus. Zwar mögen sie zunächst die mehr oder weniger sofortigen Wirkungen zeitigen, die man ihnen nachsagt, aber diese Wirkungen sind nur vorübergehend.

Die Nachwirkungen der Ablagerung solcher anorganischer Stoffe im Körper können in der Zukunft verheerend sein. Ich ziehe es vor, den Spuren des Weisen zu folgen, dessen Grundsatz es war, lieber heute in Sicherheit zu sein als morgen etwas zu bedauern.

Organisches Magnesium, wie man es in rohem Zustand in Gemüsesäften findet, ist ein nahrhaftes Element mit unschätzbarem Wert für den menschlichen Körper.

Roher Löwenzahnsaft, den man sowohl aus den Blättern wie auch aus der Wurzel gewinnen kann, vermischt mit Karotten- und Rübenblättersaft, hilft bei Rückenmarks- und anderen Knochenleiden und gibt den Zähnen Stärke und Festigkeit, wodurch Zahnfleischentzündungen und Zahnverfall verhindert wird.

Melonensaft

Melonensäfte aller Art sind außerordentlich nützlich, besonders wenn Sie eine Fastenkur machen wollen.

Der Wassergehalt von Melonen liegt zwischen 90 und 93 %, je nach der Art. Sie sind reich an Kalium, und der Gehalt an alkalischen Elementen steht im Verhältnis drei zu eins zu den sauren Elementen.

Wegen ihrer harntreibenden Wirkung sind sie besonders erwünscht bei Nierenstörungen. In manchen Fällen ist die Beigabe einer kleinen Menge Zitronensaft nützlich, aber man sollte ihnen weder Zucker noch Salz beigeben.

Meerrettichsaft

Wir verwenden keinen Meerrettichsaft, da seine Äther schon stark und wirksam genug sind, wenn der Meerrettich fein gemahlen oder gerieben wird. Wenn man einen halben Teelöffel voll des geriebenen Meerrettichs ißt, so hinterläßt es einen unauslöschlichen Eindruck – Meerrettich hat eine auflösende Wirkung auf den Schleim in den Nebenhöhlen.

Wenn man ihn als frischgeriebenen, ungepreßten Brei zu sich nimmt (mit der Beigabe von Zitronensaft, der mit ihm vermischt wird, sobald er bis zur Festigkeit einer Soße zerrieben ist), und zwar 1/2 Teelöffel voll zweimal am Tag zwischen den Mahlzeiten, hilft er, Schleim in den Nebenhöhlen und in anderen Körperteilen aufzulösen, ohne den Schleimhäuten zu schaden. Er ist ein Lösungs- und Reinigungsmittel bei abnormer Schleimbildung im Körper.

Umsichtig angewandt – nur mit Zitronensaft gemischt, reizt er nach unserer Erfahrung weder die Nieren noch die Blase oder die Schleimhäute des Verdauungstraktes.

Abgesehen vom Wert der Äther beim Auflösen von Schleim, ist Meerrettichsoße ein gutes harntreibendes Mittel und besonders nützlich bei Wassersucht.

Meerrettichsoße sollte frisch zubereitet werden, und sollte nicht verwendet werden, wenn sie älter als eine Woche ist. Sie muß in einer verschlossenen Flasche oder in einem Topf kühl aufbewahrt werden. Ihre Wirkung erhöht sich, wenn sie vor dem Verzehr auf Zimmertemperatur erwärmt wird.

Wenn Sie Meerrettichsoße wie vorgeschlagen essen – täglich 1/2 Teelöffel voll während des Nachmittags –, kann sie zunächst einen reichlichen Tränenfluß verursachen, je nachdem, wieviel Schleim sich in den Nebenhöhlen und in anderen Körperteilen angesammelt hat. Außer Zitronensaft, den Sie mit ihr mischen, sollten Sie nichts zum Verdünnen nehmen und nach dem Verzehr sollten Sie auch nichts trinken. Machen Sie dies über Wochen oder Monate hinweg, bis Sie die Meerrettichsoße essen können, ohne dabei irgendein Unbehagen zu verspüren. Dies ist dann ein Zeichen für die vollständige Auflösung des Schleims. Bei Nebenhöhlenverschleimung hat sich dies als sehr wirksames Verfahren herausgestellt, um die Ursache dieser Probleme zu beseitigen.

In der Regel erzielen Sie die besten Resultate, wenn die Mischung aus dem Saft von zwei oder drei Zitronen auf 1/8 Liter geriebenen Meerrettich hergestellt wird, um dem Gemisch die Festigkeit einer dicken Soße zu geben.

Nektarinensaft

Nektarinen enthalten fast 83 % Wasser, wenn sie reif sind. Ihre Zusammensetzung ähnelt der von Pfirsichen, das heißt sie sind reich an Kalium und enthalten eine ordentliche Menge Kalzium und Natrium. Sie haben jedoch einen höheren Kohlenstoffgehalt als Pfirsiche. Nektarinensaft ist ein guter Reiniger und hat einen köstlichen Geschmack.

Orangen

(siehe Apfelsinen)

Oxalsäure

Eines der Rätsel des menschlichen Körpers ist die Peristaltik. Diese Funktion findet im Verdauungskanal statt, in den Blutgefäßen und im Geburtskanal sowie im Ausscheidungskanal, und zwar durch aufeinanderfolgende, wellenartige Bewegungen, die alles, was sich im Kanal befindet, vorwärts zwingen. Es handelt sich um eine Serie aufeinanderfolgender Nerven- und Muskelkontraktionen und -erschlaffungen, ein Vorgang, der ohne Zutun unseres Willens und anscheinend gänzlich automatisch abläuft, soweit es unsere eigene Willenskraft angeht.

Die Wirksamkeit der Peristaltik hängt aber natürlich vom Tonus und der gesunden und kräftigen Verfassung der Nerven und Muskeln dieser Kanäle ab.

Organische Oxalsäure ist eine der wichtisten Substanzen, die benötigt wird, um den Tonus der Peristaltik aufrechtzuerhalten und sie zu stimulieren.

Natürlich ist es ganz offensichtlich, daß jede körperliche Bewegung, die von der »unwillkürlichen« Tätigkeit der Organe ausgeht, vom Leben in den Zellen und Geweben dieser Organe abhängig ist. Leben ist aktiv; dagegen gibt es keine Tätigkeit im Tod oder in toter Materie, und dies gilt ganz eindeutig auch für die Zellen und Gewebe unseres Körpers.

Wenn die wichtigen Organe oder Teile von ihnen, die zum Verdauungs- und Ausscheidungssystem unseres Körpers gehören, im Sterben begriffen oder tot sind, arbeiten sie gar nicht mehr oder nur noch mit eingeschränkter Wirksamkeit, um es vorsichtig auszudrücken. Ursache dieses Zustandes kann nur das Fehlen oder der Mangel an lebendigen Wirkstoffen in der Nahrung sein, die die betreffenden Zellen und Gewebe ernähren soll. Lebendige Nahrung ist jene Nahrung, die lebendige, organische Wirkstoffe und Enzyme enthält, wie man sie nur in rohen Lebensmitteln findet.

In vorangegangenen Abschnitten habe ich diese wichtige Frage – organische oder anorganische Atome in unserer Nahrung – behandelt. Es ist von großer Bedeutung, dieses Thema in Bezug auf die Oxalsäure hervorzuheben.

Wenn die Nahrung roh ist, entweder ganz oder in Form von Säften, ist jedes Molekül in der Nahrung lebendig, organisch und mit Enzymen gesättigt. Darum ist die Oxalsäure in rohem Gemüse und in ihren Säften organisch, und als solche ist sie nicht nur nützlich, sondern lebenswichtig für die physiologischen Funktionen des Körpers.

Oxalsäure in gekochten und verarbeiteten Nahrungsmitteln ist dagegen tot oder anorganisch, und insofern ist sie sowohl gefährlich als auch schädlich. Oxalsäure verbindet sich leicht mit Kalzium. Wenn beide organisch sind, ergibt dies eine konstruktive Verbindung, da die erstere die Aufnahme des letzteren im Verdauungskanal unterstützt und gleichzeitig die Peristaltik im Körper anregt.

Wenn die Oxalsäure durch Kochen oder Verarbeiten der Nahrungsmittel, die sie enthalten, anorganisch geworden ist, bildet diese Säure eine feste Verbindung mit dem Kalzium in anderen Nahrungsmitteln, die während derselben Mahlzeit gegessen werden, und zerstört in beiden den Nährwert. Dies führt zu einem Kalziummangel, der Knochenabbau verursacht. Aus diesem Grund esse ich nie gekochten Spinat oder Spinat aus Dosen.

Was die Oxalsäure selbst angeht, so ist sie häufig die Ursache für die Bildung anorganischer Oxalsäurekristalle in den Nieren, wenn sie durch das Kochen oder Verarbeiten der Nahrung in eine anorganische Säure umgewandelt wird. Es lohnt sich, daran zu denken, daß die Mineralien in unseren Lebensmitteln – zum Beispiel Eisen – oft nicht vollständig aufgenommen und verwertet werden können, wenn sie durch Kochen anorganisch geworden sind, und daß sie durch chemische und andere Reaktionen häufig die Verwertung anderer Wirkstoffe verhindern. Folglich kann das Eisen in frischem rohem Spinat zu 100 % verwertet werden, aber in gekochtem Spinat ist nur ein Fünftel dieser Menge oder weniger verwertbar.

Vergessen wir nicht: Die organische Oxalsäure ist für unser Wohlbefinden so wichtig, daß man die frischen rohen Säfte der Gemüse, die sie enthalten, täglich trinken sollte.

Der reichste Gehalt an organischer Oxalsäure findet sich in frischem rohem Spinat-Saft (sowohl in der üblichen Art als auch im neuseeländischen Spinat), im Mangold, im Rübenblättern, in Steckrüben- und Senfblättern, im Grünkohl und im Kohl sowie im breitblättrigen französischen Sauerampfer.

Pampelmusen

(siehe Grapefruits)

Papayasaft

Papaya ist eindeutig eine Frucht und kein Gemüse.

Bis vor kurzem war diese Frucht praktisch unbekannt, da sie eine tropische Frucht ist.

Sie hat die Form einer Melone oder eines Kürbisses und kann verschiedene Größen erreichen, wenn sie reif ist. Die Größen schwanken von einem Pfund bis zu zwanzig Pfund und mehr.

Unsere besondere Aufmerksamkeit gilt ihrem Saft, der, wenn man die Frucht preßt, Papain enthält und weitgehend die gleiche Verdauungswirkung hat wie das Pepsin in unserem Verdauungsprozeß. Sie enthält ferner Fibrin, eine Substanz, die man außer im Körper von Menschen und Tieren kaum findet. Sie wird von den Magen- und Pankreassäften leicht verdaut und ist sowohl für die äußere wie für die innere Blutgerinnung besonders wertvoll.

Die grüne, unreife Papaya hat viel mehr aktives Papain als die reife (da dieses sich während des Reifungsprozesses zum Teil auflöst). Der Saft der grünen Papaya hilft in unglaublich kurzer Zeit bei der Beseitigung von Verdauungsstörungen, auch bei Geschwüren und bei noch ernsteren Krankheiten.

Ich habe oft gesehen, wie der zerdrückte Brei einschließlich der Haut einer grünen Papaya als Umschlag auf Verletzungen gelegt wurde – und am folgenden Tag war kaum mehr als eine Narbe sichtbar. Ich hatte einen Finger, der in einer Maschine ernstlich gequetscht worden war, und die Anwendung eines Papaya-Umschlages wirkte innerhalb von zwei oder drei Tagen, so daß der Finger schon wieder gebrauchsfähig war.

Als Saft sind sowohl die grüne als auch die reife Papaya unübertroffen bei den meisten körperlichen Beschwerden. Mit dieser Frucht hat uns die Natur wahrhaftig das beste Mittel zur ersten Hilfe sowohl bei inneren als auch bei äußeren Erkrankungen gegeben.

Paprikasaft (grün)

Dieser Saft hat einen hohen Siliziumgehalt, das von den Nägeln und vom Haar dringend benötigt wird. Die Tränenkanäle und die Talgdrüsen profitieren ebenfalls von diesem Saft.

Gemischt mit Karottensaft – im Verhältnis ein Viertel bis eine Hälfte Paprikasaft zu 3/4 bis eine Hälfte Karottensaft – ist er ein ausgezeichnetes Hilfsmittel bei der Beseitigung von Hautunreinigkeiten, vor allem dann, wenn man Darmspülungen und Einläufe bekommt, und zwar so regelmäßig, daß Abfallstoffe aus dem Dickdarm entfernt werden, während die Reinigungsprozesse im Innern des Körpers vorangehen.

Wer von Gasen oder Winden im Verdauungskanal belästigt wird und an Koliken, Blähungen oder Bauchschmerzen leidet, verspürt eine große Erleichterung, wenn er täglich wenigstens einen halben Liter dieser Säftemischung zusammen mit einem halben Liter Karotten- und Spinatsaft trinkt.

Natürlich muß man diese Säfte nicht auf einmal trinken. Wenn man jeweils ein Glas davon auf einmal mit einer, zwei oder drei Stunden Abstand dazwischen trinkt, führt dies sogar zu noch besseren Ergebnissen. Ich ziehe es vor, sie vor und zwischen den Mahlzeiten zu trinken.

Pastinakensaft

Dieser Saft hat einen sehr niedrigen Kalziumgehalt und enthält noch viel weniger Natrium, aber er ist sehr reich an Kalium, Phosphor, Schwefel, Silizium und Chlor. Wegen des niedrigen Kalzium- und Natriumgehaltes ist der Nährwert dieses Gemüses insgesamt nicht so groß wie der einiger anderer Knollen; aber der therapeutische Wert des Saftes aus den Blättern und aus der Wurzel hebt ihn auf der Liste der nützlichen Säfte weit nach oben.

Der hohe Silizium- und Schwefelgehalt ist sehr hilfreich, wenn man brüchigen Nägeln abhelfen will. Die Elemente Phosphor und Chlor sind für die Lungen und für die Bronchien von besonderem Nutzen. Dadurch wird der Saft zu einem ausgezeichneten Lebensmittel für Menschen, die an Tuberkulose oder an Lungenentzündung erkrankt sind und für alle, die an Emphysem leiden.

Der hohe Kaliumgehalt ist von so hervorragendem Wert für das Gehirn, daß dieser Saft mit Erfolg bei vielen seelischen Störungen angewandt wird.

Warnung: Das eben Gesagte gilt nur für kultivierte Pastinaken. Die wilde Art darf in Säften nicht verwendet werden, da sie einige giftige Bestandteile enthält.

Petersiliensaft

Roher Petersiliensaft ist einer der stärksten Säfte. Man sollte ihn nie allein in größeren Mengen als 30 bis 60 Gramm auf einmal nehmen, es sei denn, man mischt ihn mit einer ausreichenden Menge Karottensaft oder Säften von anderem Gemüse wie z.B. Sellerie, Kopfsalat oder Spinat. Selbst dann sollte sein Anteil im Verhältnis zur Menge der anderen Säfte nicht zu groß sein.

Roher Petersiliensaft hat Eigenschaften, die für den Sauerstoff-Stoffwechsel und zur Aufrechterhaltung der normalen Nebennieren- und Schilddrüsenfunktion sehr wichtig sind. Die Wirkstoffe in der Petersilie stehen in einem solchen Verhältnis zueinander, daß sie dabei helfen, die Blutgefäße, besonders die Kapillaren und die Arteriolen, in einem gesunden Zustand zu erhalten. Er ist eine ausgezeichnete Nahrung für die Urogenitalorgane und ist sehr hilfreich bei Nieren- und Blasensteinen, bei Albuminurie, Nierenentzündung und bei anderen Nierenleiden. Er wird auch mit Erfolg bei Wassersucht gewendet.

Er ist außerdem wirksam bei allen Leiden, die mit den Augen und den Sehnerven zu tun haben. Schwache Augen, Hornhautgeschwüre, Grauer Star, Bindehautentzündung, Augenentzündung in allen Stadien und Pupillenträgheit werden wirksam behandelt, wenn Sie rohen Petersiliensaft gemischt mit Karottensaft und mit kombiniertem Karotten, Sellerie- und Endiviensaft trinken.

Trinken Sie nie eine zu große Menge reinen rohen Petersiliensaft, denn er ist so stark konzentriert, daß er Störungen des Nervensystems bewirken kann. Wenn man ihn aber mit anderen Säften richtig mischt, ist er sehr nützlich.

Streng genommen gehört die Petersilie zur Gruppe der Kräuter, daher auch ihre starke, konzentrierte Wirkung. Man verwendet sie mit Erfolg zur Förderung der Menstruation, vor allem in Verbindung mit Rote Bete-Saft oder mit einem Gemisch aus Rote Bete-, Karotten- und Gurkensaft. Krämpfe als Folge von Menstruationsbeschwerden werden durch diese Säfte gelindert und oft beseitigt, sofern konzentrierte Stärke- und Zuckerprodukte vom Speiseplan gestrichen werden.

Pfirsichsaft

Pfirsiche enthalten mehr als 88 % Wasser und sind reich an Kalium, Kalzium und Natrium. Sie sind leicht verdaulich, haben eine stark alkalische Wirkung auf den Körper und regen die Absonderung von Verdauungssäften an.

Sowohl die ganzen Früchte als auch die Säfte haben sowohl eine abführende als auch eine harntreibende Wirkung und helfen bei der Reinigung des Körpers bei Nieren- und Blasenproblemen.

Wenn Sie Pfirsiche oder die Säfte kochen oder eindosen, gehen ihre Wirkstoffe verloren. Wenn Sie Zucker beigeben, ist die Reaktion im Körper sauer.

Pflaumensaft

Pflaumen enthalten mehr als 78 % Wasser und sind reich an Kalium, Kalzium, Magnesium und Phosphor. Sie enthalten mehrere Fruchtsäuren, von denen einige die Nieren reizen können. Sie haben jedoch eine stark abführende Wirkung, besonders die Säfte. Trinken Sie hiervon nur kleine Mengen.

Rettichsaft

Dieser Saft wird aus den Blättern und aus den Wurzeln gewonnen, aber man sollte ihn nie pur trinken, da er dann in seiner Wirkung zu stark ist. Wenn man ihn zusammen mit Karottensaft trinkt, wird der Tonus der Schleimhäute im Körper wiederhergestellt. Er ist am wirksamsten, wenn man ihn etwa eine Stunde nach dem Verzehr von Meerrettich trinkt. Er entspannt und heilt die Schleimhäute und reinigt den Körper vom Schleim, den die Meerrettichsoße aufgelöst hat. Gleichzeitig unterstützt er die Erneuerung und Wiederherstellung der Schleimhäute.

Fast ein Drittel der natürlichen Inhaltsstoffe des Rettichs bestehen aus Kalium, mehr als ein Drittel der verbleibenden zwei Drittel ist Natrium. Der Eisen- und Magnesiumgehalt ist hoch, und darauf ist die heilende und lindernde Wirkung auf die Schleimhäute zurückzuführen.

Gewöhnlich ist es unnötig, sich eines chirurgischen Eingriffs zu unterziehen, um den Schleim zu entfernen, der Nebenhöhlenbeschwerden hervorruft. Zwar beseitigen solche Operationen einen Teil des Schleims, aber die Nachwirkungen können verheerend sein. Meerrettichsoße hat andererseits schon wiederholt zu dauerhaften Erfolgen geführt. Schleim ist die Folge, wenn man zuviel Milch trinkt und konzentrierte Stärkeprodukte wie Brot, Reis und Getreide im Übermaß ißt.

Rhabarbersaft

Rhabarber ist wahrscheinlich für mehr Nierenbeschwerden bei Kindern verantwortlich als jeder andere einzelne Faktor. Nur wenige andere Pflanzen, wenn es überhaupt welche gibt, haben eine so starke Konzentration von Oxalsäure wie Rhabarber. Wenn man ihn kocht, wird diese Säure in eine anorganische Chemikalie umgewandelt, die, wenn man sie verzehrt, im Körper erhebliche Mengen an Oxalsäurekristallen hinterläßt.

Zahllose Fälle von Rheuma und rheumatischem Fieber können auf den Verzehr von gekochtem Rhabarber zurückgeführt werden. Wegen seiner angeblichen abführenden Wirkung wird Rhabarber sowohl von Kindern als auch von Erwachsenen gegessen. Da die abführende Wirkung mehr oder weniger sofort sichtbar wird, denkt man nicht weiter an die Oxalsäurekristallbildung. Die entsprechenden Ablagerungen verursachen zwar keine sofortige Reizung, aber ihre Wirkung tritt heimtückisch und langsam ein.

Deshalb werden die Folgen selten, wenn überhaupt, der richtigen Ursache zugeschrieben – dem Verzehr von Rhabarber.

Das Thema Oxalsäure ist so wichtig, daß ich es ausführlich in einem eigenen Abschnitt behandelt habe. (siehe Seite 82)

Aus frischem rohem Rhabarbersaft kann man einen gewissen Nutzen ziehen, vorausgesetzt, man verwendet ihn sparsam und nur zusammen mit anderen Säften wie Karotten-, Sellerie- oder Fruchtsaft oder deren Mischungen. Auf diese Weise kann er die Peristaltik des Darmes anregen. Süßen Sie Rhabarber nie mit Zucker, verwenden Sie Honig.

Rosenkohlsaft

Rosenkohlsaft, gemischt mit dem Saft aus Karotten, grünen Bohnen und Kopfsalat, liefert uns eine Kombinaton von Mineralstoffen, die dazu beitragen, die Insulinproduktion in der Bauchspeicheldrüse zu stärken und zu erneuern. Aus diesem Grund hat sich dieser Saft bei Diabetes als sehr wertvoll erwiesen.

Sie müssen aber alle konzentrierten Stärke- und Zuckerprodukte meiden und gegebenenfalls Darmspülungen durchführen, um abgelagerte Abfallstoffe aus dem Körper zu entfernen.

Rote Bete-Saft

Rote Bete-Saft ist ein sehr wertvoller Saft für die Bildung von roten Blutkörperchen zur Kräftigung des Allgemeinzustandes des Körpers. Besonders für Frauen ist es von Vorteil, wenn Sie etwa einen halben Liter einer Mischung aus Karotten- und Rote Bete-Saft täglich trinken. Die Mischung kann 100 bis 250 Gramm Rote Bete-Saft enthalten. Verwendet werden können sowohl die Rüben als auch die Blätter.

Wenn man diesen Saft allein in größeren Mengen als ein Weinglas auf einmal trinkt, kann er seine so starke Reinigungswirkung haben, daß möglicherweise ein wenig Schwindel- oder Übelkeitsgefühle entstehen. Dies kann die Folge seiner Reinigungswirkung auf die Leber sein. Meine Erfahrung hat gezeigt, daß es am besten ist, am Anfang weniger Rote Bete-Saft und mehr Karottensaft zu trinken, bis Sie den Rote Bete-Saft vertragen können, und dann können Sie den Anteil des Rote Bete-Saftes allmählich erhöhen. 200 bis 250 Gramm zweimal täglich sind gewöhnlich ausreichend.

Bei Menstruationsstörungen ist Rote Bete-Saft auch angezeigt, wenn er während dieser Zeit in kleinen Mengen getrunken wird – nicht mehr als ein Weinglas (etwa 60 bis 100 Gramm), zwei- oder dreimal am Tag. Während der Menopause erreichen Sie mit diesem Saft bessere und dauerhaftere Ergebnisse als mit Medikamenten oder künstlichen Hormonen, die degenerativ wirken. Letztlich hat jedes Medikament und jedes anorganische, synthetische Hormon nicht mehr als eine vorübergehende lindernde Wirkung. Wer solche Medikamente oder künstliche Hormone einnimmt, leidet letzten Endes, denn der Körper muß diese anorganischen Stoffe wieder aus dem Körper entfernen. Jedes Medikament, das einen Krankheitszustand lindert oder »heilt«, ruft garantiert einige Zeit später einen anderen, vielleicht ernsteren Zustand hervor. Langfristig gesehen leiden Sie, wenn Sie Medikamente einnehmen, und nicht der Arzt, der es Ihnen verabreicht.

Die Natur hat uns mit natürlichen Mitteln ausgestattet, mit deren Hilfe wir Gesundheit, Energie, Stärke und Vitalität erhalten können. Sie hat uns ferner – in größerem oder geringerem Ausmaß – mit der notwendigen Intelligenz versehen, um nach Wissen zu suchen. Wenn wir unsere Intelligenz einsetzen, hilft uns die Natur.

Der Eisengehalt von Rote Bete ist an sich nicht sehr hoch, aber das Eisen ist von einer Qualität, die eine ausgezeichnete Nahrung für die roten Blutkörperchen darstellt. Was die chemischen Elemente in Rote Bete angeht, so ist es von großer Bedeutung, daß Natrium mehr als 50 % dieser Elemente ausmacht, während der Kalziumgehalt nur bei etwa 5 % liegt.

Dies ist ein sehr günstiges Verhältnis, denn die Löslichkeit des Kalziums wird dadurch aufrechterhalten, vor allem wenn sich anorganisches Kalzium als Folge des Verzehrs von gekochter Nahrung im Körper schon anreichern konnte und Ablagerungen in den Blutgefäßen gebildet hat, was zur Verhärtung der Adernwände führt, wie z.B. bei Krampfadern und Arterienverhärtung oder bei der Blutverdickung, die alle einen hohen Blutdruck und andere Arten von Herzbeschwerden verursachen.

Der Kaliumgehalt von 20 % liefert die allgemeine Nahrung für alle physiologischen Funktionen des Körpers, während der 8%ige Chlorgehalt ein ausgezeichnetes organisches Reinigungsmittel für die Leber, die Nieren und die Gallenblase darstellt und außerdem die Aktivität der Lymphe im ganzen Körper anregt.

Die Mischung aus Karotten- und Rote Bete-Saft liefert außerdem Phosphor und Schwefel sowie Kalium und andere alkalische Elemente. Zusammen mit dem hohen Gehalt an Vitamin A ist diese Mischung ein idealer natürlicher Baumeister für die Blutbildung.

Sauerkrautsaft

Sauerkraut ist ein Produkt aus eingelegtem Kohl, der fein geschnitten und in einer Lake, die aus viel Salz besteht, zur Fermentierung gebracht wird. Dieses Einlegen und Fermentieren ist für die Schleimhäute des Verdauungskanals sehr schädlich und wirkt nachteilig auf die Haut, die oft rauh wird. Die stimulierende Wirkung des Sauerkrautsafts auf die Verdauungsorgane ist sehr schädlich, weil er viel anorganisches gelöstes Salz enthält.

Sauerampfersaft

Der Saft des breitblättrigen französischen Sauerampfers ist eine ausgezeichnete Hilfe für träge und schlaffe Därme, um ihre normalen Funktionen wieder aufzunehmen, sofern man auch Darmspülungen oder Einläufe vornimmt, um die im Darm angehäuften Abfallstoffe zu entfernen.

Sauerampfer ist reich an Kaliumoxalat, das für den menschlichen Körper nur in seinem organischen, rohen Zustand wertvoll ist. Sauerampfer sollte man nie gekocht essen. Er enthält eine besonders große Menge Eisen und Magnesium, das die Blutzellen ständig brauchen, und große Mengen der Elemente Phosphor, Schwefel und Silizium, die jeder Teil des Organismus vom Kopf bis zu den

Füßen benötigt. Die Kombination dieser wichtigen Elemente macht diesen Saft äußerst wertvoll als Nahrung für die Drüsen des Körpers.

Selleriesaft

Der größte Wert rohen Selleries liegt darin, daß er eine außergewöhnlich große Menge Natrium enthält. Eine der chemischen Eigenschaften des Natriums ist es, Kalzium in gelöstem Zustand zu halten.

Roher Selleriesaft enthält mehr als viermal so viel Natrium als Kalzium. Diese Tatsachen macht ihn zu einem der wertvollsten Säfte für Menschen, die ihr Leben lang mehr oder weniger ständig konzentrierte Zucker- und Stärkeprodukte verzehrt haben. Brot, Kekse, Kuchen, Getreideprodukte, Pfannkuchen, Spaghetti, Reis – alle Nahrungsmittel, die Mehl enthalten – zählen zur Gruppe der konzentrierten Stärkeprodukte. Weißer und brauner Zucker sowie jede Zuckerart, die hergestellt oder verarbeitet wurde, und jedes Nahrungsmittel, das Fabrikzucker enthält (auch Bonbons, Limonaden, Eiscreme usw.), fallen alle in die Gruppe der konzentrierten Kohlenhydrate.

Die Erfahrung hat jedoch eindeutig gezeigt, daß diese Nahrungsmittel schädlich sind, und ihr ständiger Verzehr führt zu einem Nährstoffmangel, dem eine alarmierende Zahl von Krankheiten folgt.

Ich habe festgestellt, daß diese konzentrierten Kohlenhydrate ohne Frage zu den schädlichsten unter unseren »zivilisierten« Nahrungsmitteln gehören. Die Natur hat niemals vorgesehen, daß das menschliche Verdauungssystem diese sogenannten Nahrungsmittel in Nahrung für die Zellen und Gewebe des Körpers umwandelt. Die Folgen ihres Verzehrs zeigen sich in der Degeneration des menschlichen Körpers bis zur Zerstörung, noch bevor das

Jugendalter vergessen ist. Bei einem Lebensalter von vierzig oder sechzig Jahren schon von Alterserscheinungen zu sprechen, ist eine Beleidigung der Natur und unseres Schöpfers. Es ist eine Schande, eingestehen zu müssen, daß wir nicht wissen, wie wir leben sollen, und daß wir uns nicht bemüht haben, die wichtigsten Grundsätze über die Erneuerung unseres Körpers zu lernen. Es ist ein Eingeständnis. Wir essen uns selbst ins Grab, da wir unserem Appetit nachgeben.

Kalzium ist zunächst einmal eines der wichtigsten Elemente in unserer Nahrung. Aber es muß organisch gebunden sein. Wenn ein kalziumhaltiges Lebensmittel gekocht oder verarbeitet wird, wird das Kalzium automatisch in anorganische Moleküle umgewandelt. Diese sind nicht mehr wasserlöslich, und sie können nicht die Nahrung liefern, die die Zellen unseres Körpers zur Regeneration benötigen. Außerdem werden die meisten Enzyme bei einer Temperatur von 54°C zerstört. Die Folge ist, daß diese Nahrung den Körper verstopft, was zu Krankheitszuständen wie Arthritis, Diabetes, Koronarbeschwerden, Krampfadern, Hämorrhoiden, Gallen- und Nierensteinen führt.

Zweitens häufen sich Ablagerungen aus anorganischem Kalzium im Körper an, wenn man nichts tut, um den Körper davon wieder zu befreien. Bei vorhandenem organisch gebundenem Natrium können sie jedoch wieder aufgelöst und entfernt werden.

Natrium spielt bei den physiologischen Prozessen des Körpers eine sehr wichtige Rolle. Eine der wichtigsten ist die Aufrechterhaltung der Blut- und Lymphflüssigkeit, damit Blut und Lymphe nicht zu dick werden. Das einzige Natrium, das in dieser Hinsicht irgendeinen Wert hat, ist jedoch das lebendige, organische Natrium, das man aus frischem Gemüse, aus Salaten und manchen Früchten bekommt.

Sellerie ist reich an Salz (Natrium).

Das »normale« Tafelsalz besteht aus unlöslichen anorganischen Elementen. Krampfadern, Arterienverhärtung und andere Leiden werden auf den übermäßigen Verzehr von Salz zurückgeführt.

Salz wird zur Bildung und bei der Funktion der Verdauungssäfte im Körper benötigt. Ohne Salz ist eine gute Verdauung praktisch unmöglich, aber dieses Salz muß vollständig wasserlöslich sein.

Jede Zelle des Körpers wird ständig von einer Salzwasserlösung durchspült, und wenn dies nicht im notwendigen Umfang gewährleistet ist, trocknen die Zellen ein.

Bei der kommerziellen Herstellung von Tafelsalz werden oft extrem hohe Temperaturen angewandt (ca. 80°C), um das Salz mit Zusätzen zu verfestigen und die Salzkristalle zu überziehen, damit das Salz leicht streubar bleibt. Dieses Salz ist im Wasser nicht mehr vollständig löslich.

Um diesem Nachteil zu entgehen, benutze ich, wann immer ich Salz benötige, reines Steinsalz.

Steinsalz wird nicht der Hitze ausgesetzt. Ich habe festgestellt, daß dieses Salz wasserlöslich ist, und es ist – in ganz geringen Maßen natürlich – verträglich.

Dieses Steinsalz ist ein natürlicher Katalysator, der es möglich macht, die Enzyme im Körper wirkungsvoll zu nutzen.

Steinsalz enthält gewöhnlich folgende Elemente:

Natriumchlorid	90–95 %
Kalziumsulfat	0,5–1 %
Magnesiumsulfat	0,5–1 %
Magnesiumchlorid	0,5–1 %

Der Wassergehalt kann zwischen 2 1/2 % und 6 % schwanken.

Das »normale Tafelsalz« enthält zusätzlich zu den obengenannten Elementen folgende Stoffe in unterschiedlichen Anteilen:

- Kaliumchlorid
- Kaliumsulfat
- Magnesiumbromid
- Kalziumchlorid
- Natriumsulfat
- Bariumsulfat
- Strontiumchlorid

Die meisten dieser Elemente beeinträchtigen die Wasserlöslichkeit des Salzes.

Bei heißem, trockenem Wetter ist es nach meinen Erfahrungen empfehlenswert, morgens ein Glas frischen Selleriesaft zu trinken und ein weiteres am Nachmittag zwischen den Mahlzeiten. Dies normalisiert die Körpertemperatur, so daß wir uns wohlfühlen, während andere Leute um uns herum in Schweiß gebadet sind und sich unbehaglich fühlen.

Natrium ist eines der wichtigsten Elemente bei der Ausscheidung von Kohlendioxid aus dem Körper. Ein Mangel an organischem Natrium führt zu Bronchien- und Lungenbeschwerden, die durch Fremdstoffe in den Lungen – zum Beispiel Tabakrauch – noch verschlimmert werden. Dieser Mangelzustand ist eine der Mitursachen für vorzeitiges Altern. Frauen, die rauchen, altern alle fünf Jahre um etwa fünfzehn Jahre.

Nikotin ist ein Reizstoff für die Nerven. Jede Erleichterung, die beim Tabakrauchen verspürt wird, ist ein psychischer, vergänglicher Zustand, den man nur vorübergehend auf Kosten der Gesundheit erlangt. Tabakrauch beeinträchtigt die Geschmacksknospen, so daß Raucher immer stärker gewürzte Speisen zu sich nehmen, wodurch sie in einen Teufelskreis geraten.

Die Kombination von Sellerie mit anderen Säften ist sehr gut, und bestimmte Mischungen sind geeignet, Mangelzustände und andere körperliche Störungen zu beseitigen – mit fast phänomenalen Resultaten. Wenn man Säfte mit anderen Säften mischt, ändert sich natürlich der Anteil der Elemente in jedem Saft. Diese Mischungen haben sich als besonders nützlich im Kampf gegen Krankheiten erwiesen.

Bei Nervenleiden hilft das Trinken reichlicher Mengen von Karotten- und Selleriesaft, um die Nerven wieder in ihren Normalzustand zu versetzen.

Sellerie enthält sehr viel Magnesium und Eisen, eine Kombination, die als Nahrung für unser Blut von unschätzbarem Wert ist. Viele Krankheiten des Nervensystems und des Blutes sind hauptsächlich auf die anorganischen Mineralien und Salze zurückzuführen, die durch denaturierte Nahrungsmittel und Beruhigungsmittel in den Körper gelangen.

Wenn der Schwefel-, Eisen- und Kalziumgehalt der Nahrung unzureichend ist, oder selbst wenn er reichlich vorhanden ist, aber in denaturierter und anorganischer Form, kann dies zu Asthma, Rheuma, Hämorrhoiden und anderen Störungen führen. Ein unausgewogenes Schwefel-Phosphor-Verhältnis in der Nahrung kann zu geistiger Verwirrung, Neurasthenie und sogar zu Geisteskrankheiten führen. Ebenso können viele Krankheiten, die man bis jetzt auf übermäßige Harnsäure im Körper zurückführt, in Wahrheit vom Verzehr solcher Nahrungsmittel verursacht sein, die zuviel Phosphorsäure und zu wenig Schwefel enthalten.

Die Kombination von Karotten- und Selleriesaft liefert eine ausgezeichnete und ausgewogene Mischung dieser organischen Mineralien, mit der man solchen Krankheiten vorbeugen und dem Körper helfen kann, zur Normalität zurückzufinden.

Senfblättersaft

Senfblätter sind in Salaten sehr wertvoll. Wenn man die Blätter zu Saft verarbeitet, kann der hohe Gehalt an Senföl den Verdauungstrakt und die Nieren reizen. Senfblätter enthalten viel Oxalsäure. Man sollte sie daher niemals gekocht essen (Lesen Sie hierzu den Abschnitt über Oxalsäure auf Seite 82).

Obwohl der reine Saft aus Senfblättern etwas Unbehagen verursachen kann, kann dennoch eine kleine Menge zusammen mit Karotten-, Spinat- und Rübensaft mit großem Erfolg verwendet werden, um Hämorrhoiden zu beseitigen.

Wie bei der Brunnenkresse ist der Schwefel- und Phosphorgehalt in den Senfblättern sehr hoch, und die Wirkung auf den Organismus ist fast die gleiche wie die der Brunnenkresse.

Spargelsaft

Spargel enthält ein Alkoloid, das als Asparagin bekannt ist, in relativ großer Menge. (Alkaloide findet man in lebenden Pflanzen. Sie enthalten die aktive Lebenskraft der Pflanze, ohne die sie nicht wachsen oder am Leben bleiben kann). Es setzt sich aus den Elementen Kohlenstoff, Wasserstoff, Stickstoff und Sauerstoff zusammen.

Wenn man Spargel kocht oder eindost, geht der Wert dieses Alkaloids verloren. Der Wasserstoff und der Sauerstoff werden aufgelöst, und die natürlichen Salze, die aus der Verbindung dieses Alkaloides mit den anderen Stoffen gebildet werden, gehen praktisch verloren.

Spargelsaft ist ein sehr erfolgreiches harntreibendes Mittel, besonders wenn er mit etwas Karottensaft gemischt wird. Wenn man ihn alleine trinkt, kann er sich als zu stark in seiner Wirkung für die Nieren erweisen.

Bei Nierenstörungen und zur Regulierung allgemeiner Drüsenprobleme findet Spargelsaft nützliche Anwendung.

Dieser Saft hilft, Oxalsäurekristalle in den Nieren und in der Muskulatur aufzubrechen, er ist außerdem empfehlenswert bei Rheuma und Neuritis. Rheuma ist eine Folge zu großen Fleischverzehrs. Fleisch und Fleischprodukte erzeugen übermäßige Mengen an Harnsäure.

Da der menschliche Körper sogenannte »vollständige Proteine« wie Fleisch und Fleischprodukte nicht richtig aufschließen kann, ist der übermäßige Verzehr die hauptsächliche Ursache für eine übermäßige Harnsäurebildung.

Der ständige Verzehr von Fleischeiweiß belastet die Nieren und andere Ausscheidungsorgane sehr stark und überfordert sie derart, daß eine ständig geringere Menge Harnsäure ausgeschieden und eine entsprechend größere Menge von den Muskeln absorbiert wird. Das Ergebnis sind schmerzhafte rheumatische Beschwerden.

Dies ist auch eine der wesentlichen Ursachen für Prostatabeschwerden. Spargelsaft ergänzt durch Karotten-, Rüben- und Gurkensaft ist außerordentlich hilfreich.

Spinatsaft

Spinat ist ein wichtiges Lebensmittel für den Verdauungstrakt, sowohl für den Magen, den Zwölffingerdarm und den Dünndarm als auch für den Dickdarm.

Durch rohen Spinat versorgt die Natur den Menschen mit dem besten organischen Mittel zur Reinigung, zum Wiederaufbau und zur Erneuerung des Verdauungstraktes.

Richtig bereiteter roher Spinatsaft, etwa 1/2 Liter am Tag, beseitigt oft die schlimmste Verstopfung innerhalb weniger Tage oder Wochen.

Leider werden Abführmittel zur Reinigung des Verdauungstraktes benutzt, ohne daß man genau versteht, was vor sich geht. Jedes Abführmittel wirkt als Reizmittel, das die Darmmuskeln zur Ausscheidung anregt. Mit der Ausscheidung dieses Reizmittels werden auch andere Substanzen, die sich im Darm befinden, ausgestoßen. Es ist offenkundig, und in der Praxis hat es sich als Tatsache erwiesen, daß die Gewohnheit, Abführmittel aus der Apotheke zu nehmen, immer stärkere Reizmittel notwendig macht. Das Ergebnis ist nicht die Vermeidung der Verstopfung, sondern chronische Inaktivität der lokalen Gewebe, Muskeln und Nerven.

Abführmittel sind lediglich Reizmittel. Sie beseitigen zwar einen Teil der Abfallstoffe, aber sie führen nur zu einer fortschreitenden Degeneration des Darmes.

Außerdem wirken solche Methoden der Darmreinigung nur zeitweilig. Sie liefern keine Stoffe zur Regeneration oder zum Aufbau der geschwächten Gewebe, Muskeln und Nerven.

Die Verwendung von Abführmitteln auf einer Salzgrundlage hat eine andere Wirkung. Eine Salzlösung, die den Verdauungstrakt durchläuft, zieht große Mengen Lymphe aus dem Lymphstrom. Ein Viertel-Liter-Glas Salzwasser kann zum Beispiel durch den Dickdarm ganze vier Liter Abfallstoffe und giftige Flüssigkeiten aus dem Lymphstrom entfernen, die sich gewöhnlich als äußerst sauer und beladen mit Gift aus dem Körper herausstellen. Sofern diese saure, giftige Lymphe, die auf diese Weise ausgeschieden wird, nicht durch eine alkalische Lösung wie natürlicher roher Fruchtsaft ersetzt wird, ist letztlich Wassermangel im Körper die unvermeidliche Folge. Wenn man nicht für einen Ausgleich sorgt, dann werden normalerweise Gifte, die im Verdauungstrakt verblieben waren, wieder absorbiert und gelangen in den Lymphstrom, wo sie den Zustand, den man beseitigen wollte, noch verschlimmern.

Andererseits reinigt roher Spinatsaft nicht nur die unteren Darmabschnitte wirksam, sondern den ganzen Verdauungskanal.

Spinat wirkt auf natürliche Weise und repariert den wichtigsten Schaden zuerst. Man merkt nicht immer, wo im Körper die Regenerationsarbeit voranschreitet. Wenn man diesen Saft täglich trinkt, kann es sein, daß sich bis zu sechs Wochen oder zwei Monate lang keine Resultate zeigen.

Es wird immer für unerläßlich gehalten, daß der Darm wenigstens einmal in 24 Stunden entleert wird; obwohl eine normale, gesunde Verfassung nach zwei oder drei Entleerungen am Tag verlangt.

Eine andere wertvolle Eigenschaft des rohen Spinatsaftes ist seine Wirkung auf die Zähne und das Zahnfleisch: Er hilft, Parodontitis zu verhindern. Diese Krankheit ist eine milde Form von Skorbut und die Folge eines Mangels an den Elementen im Körper, die man vor allem in einer Karotten- und Spinatsaftmischung findet. Zahnfleischbluten und fibröse Entartung des Zahnmarks sind zu verbreiteten Leiden geworden, was auf den gewohnheitsmäßigen Verzehr von denaturierten Getreideprodukten, raffiniertem Zucker und anderen minderwertigen Nahrungsmitteln zurückzuführen ist. Die Ursache ist ein Vitamin-C-Mangel.

Dauerhafte Hilfe bei diesen Beschwerden findet man, wenn man natürliche, rohe Lebensmittel ißt und reichlich Karotten- und Spinatsaft trinkt.

Andere körperliche Störungen – wie Zwölffingerdarmgeschwüre und sonstige Geschwüre, perniziöse Anämie, Krämpfe, Degeneration verschiedener Nerven, unzureichende Sekretion der Nebennieren und der Schilddrüse, Neuritis, Arthritis, Abszesse und Furunkel, Schmerzen im Bereich der Keimdrüsen, geschwollene Arme und Beine, Neigung zu Blutungen, Energieverlust, rheumatische und andere Schmerzen, Herzschwäche, niedriger und hoher Blutdruck, Augenleiden, Kopfschmerzen (einschließlich der migräneartigen) sind hauptsächlich auf die Anhäufung von Abfallstoffen im unteren Darmbereich zurückzuführen sowie auf den Mangel an Wirkstoffen, die in rohem Karotten- und Spinatsaft enthalten sind. Wenn man täglich wenigstens einen halben Liter frischen rohen Gemüsesaft trinkt, so ist dies der schnellste und wirksamste Weg, dem Körper diese Wirkstoffe zuzuführen.

Spinat, Kopfsalat und Brunnenkresse gehören zusammen mit Karotten und grünem Paprika zu den Gemüsen mit dem höchsten Gehalt an Vitamin C und E. Wenn der Körper nicht ausreichend mit Vitamin E versorgt ist, trägt dies zu Fehlgeburten, Impotenz und Sterilität bei. Viele Arten von Lähmungen sind auf Vitamin-E-Mangel zurückzuführen, der auch für fehlendes allgemeines Wohlbefinden und für schlechten Stoffwechsel verantwortlich ist.

Wenn man über Spinat spricht, dann denkt man im allgemeinen an seine Wirkung als Abführmittel. Die eigentliche Ursache dieser Wirkung ist sein hoher Oxalsäuregehalt. Dies ist eine so wichtige Substanz in Bezug auf die Darmtätigkeit, daß sie einer besonderen Aufmerksamkeit wert ist, und ich habe dem Thema Oxalsäure einen besonderen Abschnitt gewidmet.

Spinat sollten Sie nie gekocht essen, da Sie sonst Gefahr laufen, daß sich in Ihren Nieren Oxalsäurekristalle anhäufen, die Schmerzen und Nierenprobleme mit sich bringen. Wenn Sie Spinat kochen oder eindosen, werden die Oxalsäuremoleküle infolge der übermäßigen Hitze anorganisch und können Oxalsäurekristalle in den Nieren bilden.

Steckrübensaft

Kein Gemüse enthält soviel Kalzium wie der Saft aus Steckrübenblättern. Das Kalzium macht mehr als die Hälfte aller anderen Mineralien und Salze zusammen aus.

Der Saft ist daher ein ausgezeichnetes Lebensmittel für Kinder im Wachstumsalter und für jeden, der an Knochenerweichung in irgendeiner Form leidet, einschließlich der Zähne. Wenn Sie den Saft aus Steckrübenblättern mit Karotten- und Löwenzahnsaft mischen, erhalten Sie eines der wirksamsten Mittel zur Härtung der Zähne und der gesamten Knochenstruktur des Körpers. Der sehr hohe Magnesiumgehalt des Löwenzahns zusammen mit dem Kalzium in den Steckrübenblättern und den Elementen in der Karotte tun sich zusammen, um der Knochenstruktur Festigkeit und Stärke zu geben.

Der Kaliumgehalt ist in Steckrübenblättern ebenfalls sehr hoch, und daher ist ihr Saft stark alkalisch, vor allem wenn man ihn mit Sellerie- und Karottensaft mischt. Er ist daher ein ausgezeichnetes Gegenmittel für die Übersäuerung. Steckrübenblätter enthalten außerdem viel Natrium und Eisen.

Obwohl es seltsam klingen mag, ist Kalziummangel häufig auf das Trinken pasteurisierter Kuhmilch zurückzuführen. Natürlich führt der ständige Verzehr konzentrierter Mehl-, Getreide- und Zuckerprodukte ebenfalls zu Kalziummangel. Obwohl diese Produkte einen außergewöhnlich hohen Kalziumgehalt haben, ist diese Art Kalzium ebenso anorganisch wie der Kalk, aus dem man Zement macht. Die Zellen und Gewebe des Körpers können diese Art anorganischen Kalziums nicht für konstruktive Zwecke verwerten. Dies führt dazu, daß das Blut es aus dem Weg schaffen muß, damit es seine Arbeit nicht stört.

So wie wir Dinge beseite räumen, die unsere Handlungsfähigkeit beeinträchtigen, so schiebt auch das Blut viele dieser anorganischen Atome in die Enden der Blutgefäße. Da die Blutgefäße des Mastdarmes dafür am geeignetsten sind, bekommen sie allmählich immer mehr von diesem Abfall, bis sie sich so weit erweitern, daß sie Beschwerden verursachen, dann heißen sie Hämorrhoiden.

Da die täglichen Mahlzeiten der meisten Menschen eine übermäßige Menge denaturierter, anorganischer Nahrung enthalten, ist es nur natürlich, daß wahrscheinlich die Hälfte der Menschen Hämorrhoiden hat und dies auch weiß, während die andere Hälfte sie vielleicht hat, ohne es zu wissen.

Ich kenne keinen einzigen Fall von Hämorrhoiden unter den vielen Erwachsenen in jedem Alter, die ein Leben lang auf anorganische Nahrungsmittel verzichtet haben. Andererseits sehe ich eine endlose Zahl von Opfern, die von Versuchen belastet werden, dieses Leiden mit Hilfe von Injektionen, elektrischer Verödung und Chirurgie zu »heilen« – ohne dauerhafte Wirkung, da man das Symptom behandelt statt der Ursache.

Ich hatte einen sehr typischen Fall. Es war ein prominenter Anwalt, dessen äußere Hämorrhoiden in höchstem Maße schmerzhaft und peinlich waren, da er nicht weit gehen konnte, ohne am ersten unauffälligen Ort anhalten zu müssen, um sie zurückzudrücken.

Dieser Mann trank täglich viele Monate lang eine Vielfalt von Säften, ohne jemandem von seinem Hauptproblem zu erzählen. Er stellte seine Ernährung leicht um, aß aber immer noch sein Fleisch, seine Kartoffeln, sein Brot, seine Pfannkuchen und andere schädliche Nahrungsmittel. Auf sein Leiden hatte dies wenig oder keine positive Auswirkung.

Eines Tages wettete er mit dem Inhaber einer Säftebar, dessen regelmäßiger Kunde er geworden war, daß kein Saft Hämorrhoiden heilen könnte. Daraufhin wurde er aufgefordert, täglich einen Liter einer Mischung aus Karotten-, Spinat-, Steckrüben- und Brunnenkressesaft zu trinken, strikt eine Kost aus rohem Gemüse, Salaten und Früchten einzuhalten und das Ergebnis abzuwarten.

In weniger als einem Monat kam dieser Anwalt in die Säftebar und jubelte. Nach eingehender Untersuchung durch seinen Arzt hatte dieser erklärt, es gebe keinerlei Anzeichen mehr für seine ehemaligen Hämorrhoiden.

Dies ist kein Einzelbeispiel. Diese Säftemischung hat zahllosen Leidenden geholfen, wenn sie strikt an natürlichen Lebensmitteln und einer natürlichen Lebensweise festhielten.

Tomatensaft

Dies ist wahrscheinlich einer der am häufigsten getrunkenen Säfte – aus Dosen. Frischer roher Tomatensaft ist sehr nützlich und reagiert alkalisch, wenn bei der Verdauung weder Stärke- noch Zuckerprodukte in konzentrierter Form vorhanden sind. Wenn diese Produkte aber vorhanden sind und während derselben Mahlzeit gegessen oder getrunken werden, ist die Reaktion eindeutig sauer.

Tomaten haben einen ziemlich hohen Gehalt an Zitronen- und Maleinsäure, und sie enthalten etwas Oxalsäure.

Diese Säuren sind alle notwendig und nützlich im Stoffwechsel, vorausgesetzt, sie sind lebendig und organisch. Wenn man Tomaten kocht oder eindost, werden diese Säuren anorganisch, und dann schaden sie dem Körper, obwohl ihre schädliche Wirkung heimtückisch ist und sich nicht sofort zeigt. Manche Fälle von Nieren- und Blasensteinen sind die Folge des Verzehrs gekochter oder eingedoster Tomaten oder deren Saft, vor allem zusammen mit Stärke- und Zuckerprodukten.

Frischer roher Tomatensaft ist reich an Natrium, Kalzium, Kalium und Magnesium.

Es gibt zahllose Arten von Tomaten. Aus allen können Sie, wenn man sie frisch und roh verwendet, ausgezeichnete Säfte zubereiten.

Topinambur-Saft

Wenn Sie dieses Gemüse richtig zerreiben und pressen, kann es bis zu 1 1/2 Liter Saft aus etwa 3 Pfund Topinambur (auch Erdbirnen genannt) liefern. Sie sind reich an alkalischen Mineralien, vor allem an Kalium, das mehr als 50 % aller anderen Mineralien zusammen ausmacht.

Der Name dieses Gemüses leitet sich ab von einer Art Sonnenblumenknolle, die in Italien viel angebaut wird und dort als Carcifo oder Archicioffo Girasole bekannt ist (Girasole heißt Sonnenblume). Das Wort Girasole wurde im Englischen zu »Jerusalem« verballhornt (daher »Jerusalem-Artischocke).

Im Rohzustand enthält dieses Gemüse das Enzym Inulase und eine große Menge Inulin. Inulin ist eine Substanz, die der Stärke ähnlich ist, und sie wird vom Enzym Inulase in Lävulose (=Fruchtzucker) umgewandelt. Topinambur ist eine Knolle, die Diabetiker ungestraft essen dürfen. Ihr Saft ist sehr nützlich und wohlschmeckend, sowohl pur als auch zusammen mit Karottensaft.

Traubensaft

Weintrauben enthalten im Durchschnitt 80 % Wasser. Ihr Zuckergehalt ist hoch, aber man zählt sie nicht zu den Kohlenhydratfrüchten. Sie sind sehr reich an Kalium und Eisen, und ihre alkalischen Substanzen überwiegen.

Frische, reife Weintrauben der Saison gehören zu unseren gesündesten Früchten; sie sind eines der besten Mittel zur Ausscheidung von Harnsäure aus dem Organismus. Sie sind auch deshalb wertvoll, weil sie die Absonderung von Verdauungssäften anregen.

Reichlicher Verzehr von Weintrauben und Traubensaft wurde als Ausscheidungsdiät zu einer beliebten und erfolgreichen Methode zur Wiederherstellung des Säure-Basen-Gleichgewichts des Körpers. Weintrauben aller Art haben sich zu diesem Zweck als nützlich erwiesen.

Zitronensaft

Zitronen sind reich an organischer Zitronensäure, und obwohl sie sauer schmecken, haben sie im Körper eine starke alkalische Wirkung, vorausgesetzt, es wird kein Zucker hinzugefügt. Sie enthalten fast 90 % Wasser.

Zitronensaft ist bei Schnittwunden usw. ein wundervolles Antiseptikum. Zuerst kann er ein wenig brennen, aber nicht wirklich schmerzhaft.

Zitronensaft ohne Zuckerzusatz ist eines der wertvollsten Hilfsmittel, das wir haben. Ich kenne beispielsweise viele, die einen oder zwei Tage lang alle ein bis zwei Stunden den Saft zweier Zitronen in einem Achtelliter heißem Wasser trinken und während dieser Zeit jede andere Nahrung meiden. Auf diese Weise überwinden und beseitigen sie eine schlimme Erkältung. In gleicher Weise wird Zitronensaft mit Erfolg als Heilmittel bei sehr vielen anderen körperlichen Störungen oder bei chemischer Unausgewogenheit verwendet.

Zwiebelsaft

Zwiebeln und ihr Saft sind etwas milder als Knoblauch und haben ein weniger scharfes Aroma. Sie bauen unseren Körper ohne Frage in einem bemerkenswerten Umfang auf.

Was ich über Knoblauch gesagt habe, gilt auch für die Zwiebel und ihren Saft. Dabei sollten Sie daran denken, daß der abstoßende Geruch des Knoblauchs und seines Saftes bei der Zwiebel weniger ausgeprägt ist.

Erkältungen

Sind Ihre Atemwege verstopft? Niesen Sie? Haben Sie ein Gefühl allgemeiner Abgespanntheit?

Seit vielen, vielen Jahren versuchten Forscher, eine schwer zu fassende Bakterie zu finden, zu isolieren und zu identifizieren, die sie für Schnupfen verantwortlich machen konnten.

Einige Male seit Mitte der zwanziger Jahre bestimmte die Wissenschaft die Schlagzeilen mit der »Entdeckung« einer Bakterie, die eindeutig für den Schnupfen verantwortlich war.

Durch den Fortschritt beim Vergrößern von Objekten haben sich die Elektronenmikroskope so weit entwickelt, daß praktisch Unsichtbares viele hundert, ja sogar tausend Male vergrößert werden kann. Wissenschaftler spielen immer noch mit dem Gedanken, daß »die Bakterie« eingefangen werden kann; aber nach meinem Wissen und nach all den Forschungen und Untersuchungen, die ich habe anstellen können, ist eine solche Bakterie noch nie gesehen oder »eingefangen« worden.

Seit den 50iger Jahren jagen einige »Wissenschaftler« nach einem Schnupfenbazillus, einer Bakterie oder einem Virus als dem Übeltäter, den man beschuldigen oder dafür verantwortlich machen könnte, den Schnupfen auszulösen oder hervorzurufen.

Bisher waren sie nach all den vielen Jahren noch nicht in der Lage, einen Erreger zu finden. Sicher waren sie imstande, viele verschiedene Bakterien- und Virenarten zu identifizieren; aber keine davon konnte einen Schnupfen auslösen. Alle gediehen auf dem Schleim des Schnupfens– dies ist genau der Zweck, zu dem sie geschaffen wurden, nämlich, den Schleim, der sich bei Schnupfen zeigt, aufzulösen, zu zerlegen und zu beseitigen.

Es existiert in der Tat keine Bakterie oder ein Virus, das bewirken kann, daß man sich erkältet. Es ist nützlich, sich die Analogie zwischen der Elektrizität und einer Erkältung zu merken: Die elektrische Anlage in Ihrem Haus ist mit Sicherungen ausgestattet. Was geschieht, wenn sich der Stromkreislauf überhitzt, weil Sie die Leitung mit zu vielen Lampen und Geräten überlastet haben? Teilt Ihnen eine »Bakterie« mit, daß eine Sicherung durchbrennen oder daß die Überhitzung der Leitungen ihr Haus niederbrennen könnte? Nein, sicher nicht. Wenn die Sicherung nicht durchbrennt, lösen die überlasteten und überhitzten Leitungen ein Feuer aus.

Überlegen Sie sich dies, wenn Sie sich »erkälten«.

Wenn die Abfallstoffe im Körper nicht entfernt werden, erzeugen sie normalerweise Gärung und Hitze im Körper. Wenn diese Gärung ein genügend giftiges Stadium erreicht hat, macht sich die Natur Sorgen, weil wir es versäumen, unseren Körper innerlich sauber zu halten, und sie gibt uns eine Warnung in Form eines schleimigen Ausflusses, den wir als »Erkältung« bezeichnen. So einfach ist das – und wir haben immer und immer wieder den Beweis dafür gesehen, daß sich, wenn die Warnung nicht beachtet wird, ernstere Krankheiten entwickeln, Krankheiten, die so wohlbekannt sind, daß die Liste ein medizinisches Lexikon füllen würde.

Verfluchen Sie nie eine Erkältung, die sie erwischt hat. Seien Sie lieber dankbar für die rechtzeitige Warnung, und tun Sie etwas. Es ist kein Medikament bekannt, das eine Erkältung heilen könnte.

Kurz gesagt – eine Erkältung ist die Folge einer übermäßigen Absonderung von Abfallstoffen und einer ungenügenden Ausscheidung. Der Dickdarm ist der Empfänger all dieser Fäulnisprodukte. Gifte verbreiten sich im ganzen Körper und erzeugen ungesunden Schleim in den Nebenhöhlen. Eine übermäßige Menge an Abfallstoffen trägt zur Bildung von Schleim bei. Die Folge ist eine Erkältung (siehe auch *»Die schleimfreie Heilkost« von Prof. Arnold Ehret*).

Wer klug ist, denkt über diese Tatsachen nach und tut selbstverständlich das, was zahllose Menschen bei den ersten Anzeichen für eine Erkältung tun, nämlich, Einläufe und Darmspülungen, um die Ursache zu beseitigen. Fruchtsäfte und ein- oder zweitägiges Fasten – sind während dieser Reinigungsprozesse außerordentlich wirksam und verkürzen die Dauer einer Erkältung.

Eine Kost aus rohen Lebensmitteln und Säften hat sich als bestes Mittel erwiesen, um die Anhäufung von Abfallstoffen und Schleim zu verhindern. Der Körper und vor allem der Dickdarm müssen stets sauber gehalten werden.

Endokrine Drüsen

Ohne das endokrine Drüsensystem könnte der menschliche Körper nicht bestehen. Die Drüsen in unserem Körper sind die aktivierenden Organe, die für jede Funktion und für jeden Vorgang in unserem Körper verantwortlich oder daran beteiligt sind.

Es gibt Drüsen mit innerer Sekretion und Drüsen mit äußerer Sekretion. Alle diese Drüsen stellen in winzigen Mengen Substanzen her, die wir als Hormone kennen.

Hormone sind Produkte, die in den Drüsen gebildet und in den meisten Fällen an das Blut oder an die Lymphe abgegeben werden, während sie in manchen Fällen eine Art elektrischen Kontakt an einer Stelle herstellen, um eine Wirkung an einer anderen und vielleicht entfernten Stelle auszuüben, aufzuheben oder zu mildern.

Endokrin bedeutet, daß die Bildung von Hormonen innerhalb der Drüse stattfindet, ohne daß es einen Ausführungsgang gibt. Die Abgabe erfolgt durch Osmose aus dem Inneren der Drüse durch ihre Haut, und das Hormon wird außerhalb der Drüse vom Blut oder von der Lymphe eingesammelt.

Drüsen mit äußerer Sekretion sind jene mit einem oder mehreren Ausführungsgängen, die direkt vom Ort der Hormonbildung in der Drüse aus der Drüse hinaus ins Blut oder in die Lymphe oder in die Umgebung der Drüse führen. Die Mandeln und der Appendix (Wurmfortsatz des Blinddarms) sind Drüsen mit äußerer Sekretion. Die ersteren geben ihre Hormone an den Rachen ab, während der Appendix sein Produkt in den Dickdarm entläßt.

Die Hormonmenge, die abgesondert wird, ist so winzig, so unendlich klein, daß man zum Beispiel die Hormone von mehr als 20.000.000 Drüsen sammeln müßte, um sieben Gramm des Zirbeldrüsenhormons zu gewinnen!

Wie jeder andere Körperteil benötigen Drüsen ständig Nahrung, damit sie wirksam arbeiten können. Diese Nahrung sollte von allerbester Qualität sein, da von den Drüsen eine wichtige, komplizierte und delikate Arbeit verlang wird.

Ich habe ein Schaubild des endokrinen Drüsensystems gezeichnet, und es zeigt die Umrisse eines Menschen, und um diesen herum werden die verschiedenen endokrinen Drüsen und ihre Beziehungen zueinander gezeigt und erklärt. Das Schaubild zeigt ihre Funktionen und ihre Störungen, gibt einen Überblick darüber, was sie anregt und was sie hemmt, zählt die Elemente auf, aus denen sie bestehen, und zeigt, welche Säfte nach meiner Erfahrung

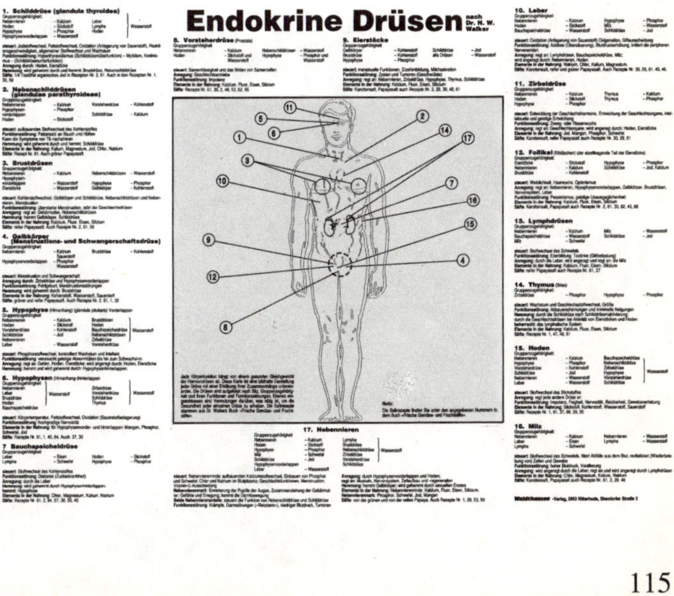

hilfreich und nützlich für ihre Gesundheit sind. Dieses Schaubild mißt 40 mal 29,8 Zentimeter, und sie können es beim Waldthausen Verlag, 2863 Ritterhude, bestellen.

Die weiteren Verästelungen des Hormonsystems sind phantastisch. Selbst ein oberflächliches Studium dieses Schaubildes genügt, um unserem Schöpfer zu danken, daß er unseren Körper mit einem solchen Wunder an Genialität ausgestattet hat.

Das wenigste, was wir tun können, damit unser Drüsensystem so wirkungsvoll wie möglich arbeitet, ist, unseren Körper gründlich von Abfall- und Ausscheidungsprodukten sauberzuhalten, den Körper mit den besten natürlichen, rohen Lebensmitteln und Säften zu ernähren, die es gibt, und zu lernen, wie wir unsere Seele und unsere Gefühle beherrschen können.

Wenn wir diesem Programm die entsprechende Sorgfalt und Aufmerksamkeit widmen, erlangen wir auch die Energie, die wir brauchen, um ein glückliches, nützliches und fröhliches Leben zu führen.

Essig

Alle Hinweise in meinen sonstigen Büchern und Veröffentlichungen über die Schädlichkeit von Essig gelten nur für den weißen, destillierten Essig und den Weinessig, in denen die Azetonsäure die vorherrschende Substanz ist.

Reiner Apfelessig, aus ganzen Äpfeln hergestellt und nicht verdünnt, enthält jedoch die nützliche Maleinsäure, ein Stoff, der bei der Verdauung benötigt wird.

Es gibt drei Arten von Essig, die allgemein verwendet werden: Apfelessig, weißer, destillierter Essig und auch Weinessig, der ein häufig verwendetes Gewürz ist und der wie der weiße, destillierte Essig Azetonsäure enthält.

Weißer, destillierter Essig schadet dem Organismus. Er zerstört die roten Blutkörperchen rasch, und dies führt zur Anämie. Er stört ferner die Verdauungsprozesse, indem er sie verzögert und die richtige Assimilation der Nahrung verhindert. Dieser Essig ($C_2H_4O_2$) ist ein Gärungsprodukt aus sauren alkoholischen Flüssigkeiten wie gegorenen Wein- und Malzgetränken, die als Weinessig und als Malzessig bekannt sind. Der weiße, destillierte Essig mit seinem hohen Azetonsäuregehalt wird am häufigsten verwendet.

Aus Äpfeln hergestellter Essig ist als Apfelessig bekannt. Er enthält Maleinsäure ($C_4H_6O_5$), die ein natürlicher, organischer Bestandteil von Äpfeln und eine am Verdauungsprozeß beteiligte Substanz ist.

Essig, der durch Gärung von Wein hergestellt wird, enthält im Durchschnitt 3 bis 9 % Azetonsäure und gewöhnlich noch etwas Tartarinsäure. Man weiß, daß die Azetonsäure im Essig eine der Ursachen für Leberverhärtung (Leberzirrhose), Zwölffingerdarm- und andere Geschwüre ist.

Andererseits enthält Apfelessig Maleinsäure, eine nützliche Säure, die sich mit den alkalischen Elementen und Mineralien im Körper verbindet, um Energie zu erzeugen oder um im Körper als Glykogen für den späteren Gebrauch gespeichert zu werden. Sie hat sich als unschätzbar wertvoll erwiesen, wenn sie von Menschen klug angewandt wird. Die vielen positiven Wirkungen, die man damit erzielen kann, können aus Platzmangel nicht alle genannt werden – zum Beispiel, wie diese Säure die Blutgerinnung unterstützt und eine normale Menstruation bewirkt; wie sie zu gesunden Blutgefäßen, Venen und Arterien beiträgt; und wie sie bei der Bildung roter Blutkörperchen hilft.

Einer der großen Vorteile von Apfelessig ist sein ungewöhnlich hoher Kaliumanteil. Kalium ist ein notwendiges Element, um Blutreserven zu bilden und anzulegen und um Ruhe und Harmonie im Körper zu erreichen. Dieses Kalium verbindet sich leicht mit einigen der wichtigsten Elemente im Körper, wie z.B. Kalzium, Natrium, Eisen, Magnesium, Chlor und Silizium.

Wenn Sie Apfelessig aussuchen, ist es wichtig, darauf zu achten, woraus er gemacht ist, damit Sie sicher sein können, daß er aus ganzen Äpfeln hergestellt und nicht eine billige Sorte ist, die nur aus Kernhäusern und Schalen gemacht wird.

Wenn Sie Apfelessig mit Verstand verwenden, ist er im Küchenschrank unentbehrlich. Seine antiseptischen Eigenschaften sind unglaublich. Vielen Opfern von Hautunreinheiten selbst ansteckender Art wurde geholfen, wenn sie Apfelessig direkt auf die Haut auftrugen.

In Schottland war – und ist es vielleicht noch – eine verbreitete Praxis, Krampfadern und »vorstehende« Venen schrumpfen zu lassen, indem man etwa einen Monat lang morgens und abends Apfelessig auf die Haut über die ganze Länge der Adern auftrug und gleichzeitig täglich zwei oder drei Gläser Wasser mit jeweils zwei Teelöffeln Apfelessig trank. Und es half!

Ihr Leben zeigt sich am Zustand Ihres Blutes, das im Mark Ihrer Knochen gebildet, durch die Milz aktiviert und von den Blutgefäßen in Umlauf gesetzt wird. Es ist ein natürlicher, systematischer Vorgang, der bewirkt, daß das Blut im Zeitraum von jeweils 28 Tagen vollständig erneuert wird, und wenn kein Gleichgewicht bewahrt wird zwischen der Bildung neuer Blutkörperchen und dem zyklischen Absterben alter Blutkörperchen, kann man nicht gesund bleiben, und das Wohlbefinden ist beeinträchtigt.

Was die Aufrechterhaltung der körperlichen Fähigkeiten angeht, so hat sich keine einzige Gruppe von Lebensmitteln als so wirksam erwiesen wie frische rohe Gemüse- und Fruchtsäfte. Ebenso hat sich kein einziges Mittel als so wirksam bei der raschen Wiederherstellung dieser Ausgewogenheit erwiesen wie Apfelessig.

Starke Menstruationsblutungen, blutende Hämorrhoiden, Nasenbluten, Schnittwunden usw. werden auf wunderbare Weise geheilt, wenn man täglich – falls notwendig auch zwei- oder dreimal am Tag – ein Glas Wasser mit zwei Teelöffeln Apfelessig trinkt.

Wenn im Verdauungssystem nicht genügend Salzsäure vorhanden ist, so daß Eiweiß nicht richtig verdaut werden kann, was zu hohem Blutdruck führt, kann man während der Mahlzeit ein Glas Wasser mit einem bis drei Teelöffeln Apfelessig trinken und daraufhin ein Sinken des Blutdrucks beobachten.

Milch

Wenn eine andere Milch als Muttermilch benötigt wird, ist rohe Ziegenmilch die vernünftigste und nützlichste Milch für Menschen jeden Alters.

Milch sollte nie auf Temperaturen über 48°C erhitzt werden, da bei 54°C die meisten Enzyme zerstört werden. Aus demselben Grund sollten wir nie pasteurisierte Milch trinken. Es ist am besten, sie, wenn möglich, sofort zu trinken, nachdem die Ziege gemolken wurde und bevor die Milch gekühlt wird. Wenn sie jedoch in einer verschlossenen Flasche im Kühlschrank aufbewahrt wird, hält sie sich einen oder zwei Tage lang und bleibt ausgezeichnet.

Man kann nicht nachdrücklich genug betonen, daß es für Kinder keine bessere Milch gibt als Muttermilch. Die nächstbeste ist frische rohe Ziegenmilch.

Kürzlich wurde meine Aufmerksamkeit auf die kleine, 22 Monate alte Tochter eines guten Freundes gelenkt. Die Mutter stillte das Kind ein Jahr lang, und bis zu diesem Zeitpunkt und viele Monate danach hatte das Kind nie eine »laufende Nase« gehabt oder körperliche oder seelische Verstimmungen – bis man ihr eines Tages pasteurisierte Ziegenmilch gab. Der Vater des Kindes hielt zwei Ziegen, die eines Tages trocken standen. Er versuchte, von einem Ziegenmilchhändler etwas rohe Ziegenmilch zu bekommen, aber der Milchhändler sagte ihm, er dürfe ihm nach dem Gesetz keine rohe Milch verkaufen, sie müsse pasteurisiert sein. Mein Freund kaufte einen Liter pasteurisierte Ziegenmilch und gab sie seinem Kind zu trinken.

Zwei Tage, nachdem das Kind die pasteurisierte Milch getrunken hatte, begann es Nase zu »laufen« und seine Tochter war schlechter Laune. Ihr Vater kaufte zwei »neue« Ziegen und gab dem Kind wieder rohe Ziegenmilch.

Innerhalb von zwei Tagen verschwanden die Beschwerden des Kindes!

Dies ist keineswegs ein seltenes Ereignis. Im Gegenteil – rohe Ziegenmilch ist ein sehr gutes Nahrungsmittel, während Kuhmilch stark schleimbildend wirkt.

Der Grund, warum Ziegenmilch heute nicht mehr so oft verwendet wird, ist ökonomischer Natur. Eine Kuh liefert eine viel größere Menge Milch als eine Ziege. Die Versorgung der Menschenmassen in den Städten macht die Verwendung von Ziegenmilch unmöglich. Man würde viel mehr Hände auf den Bauernhöfen brauchen, um zum Beispiel 500 Ziegen zu melken, um die Milchmenge zu erhalten, die 100 Kühle liefern würden.

Meines Erachtens ist es ideal, wenn eine oder zwei Familien 1500 bis 2000 qm bestellbares Land, das über viel Wasser verfügt, erwerben würden, etwa 400 oder mehr qm davon sollten mit Bäumen bewachsen sein. Darauf kann man zwei oder drei Milchziegen halten. Einige Hühner, die ihr Futter auf den Feldern fänden, einen Garten mit organisch angebautem Gemüse, Salaten und Früchten und einen Blumengarten mit zwei oder drei Bienenstöcken.

Auf einem solchen Anwesen kann man unabhängig sein, vor allem dann, wenn man über Mittel verfügt, das Land lastenfrei zu erwerben. Man braucht dann nur wenig Geld, um bequem zu leben und ein langes, gesundes, glückliches und nützliches Leben zu haben.

Dieser Traum kann auch für Sie Wirklichkeit werden. Lassen Sie sich nicht von eventuellen Schwierigkeiten abschrecken. Andere haben es geschafft – Sie können es auch. Denken Sie an das alte Sprichwort: Strebe nach dem Himmel, und du wirst höher hinaufkommen als ein Baum. Ich habe hierüber ausführlich in meinem Buch »Zurück auf´s Land« geschrieben.

Kommen wir auf das Milchproblem zurück. Bedenken Sie, daß die Ziege vielleicht das sauberste Tier ist, das wir haben. Ihre Ausscheidungsorgane sind fast vollkommen. Daher ist sie von freundlicher Natur – fast liebevoll. Ihre Milch hat eine viel höhere Schwingung als Kuhmilch und sicherlich auch als die Milch einer Mutter, die raucht und Cola trinkt und deren Temperament man zurückhaltend als »reizbar« bezeichnen könnte, wenn sie mehrere Kinder hat, die ihr Haus und ihre Eltern beherrschen.

Ziegen sind nicht nur die saubersten Tiere, sondern sie sind praktisch frei von Tuberkulose und anderen Krankheiten, die Kühe befallen. Die Qualität der Ziegenmilch ist der von Kuhmilch weit überlegen. Sie ist von Natur aus homogen und enthält mehr Stickstoff, Eiweiß von besserer Qualität und größere Mengen Niacin und Thiamin als fast alle anderen Lebensmittel.

Von Ziegenmilch weiß man, daß sie nützlich und wirksam ist, wenn Kleinkinder Durchfall haben. Dies liegt an ihrem extrem hohen Niacingehalt.

Thiamin ist eines der wichtigsten Vitamine des Vitamin-B-Komplexes und ist an allen Lebensprozessen von der Geburt bis zum Grab beteiligt. Ziegenmilch enthält eine Fülle dieses Vitamins.

Lassen Sie mich nochmals darauf hinweisen, daß man Ziegenmilch nicht über 48°C erhitzen sollte. Gekochte oder pasteurisierte Ziegenmilch sollten Sie lieber in den Ausguß schütten als sie Kindern zu geben. Wenn man pasteurisiete Ziegenmilch an Zicklein verfüttert, sterben sie innerhalb von sechs Monaten.

Natürliche Geburt

Dies ist ein Bericht über alles, was die Lehrerin *Diane Vallaster Folton* während ihrer Schwangerschaft tat, und darüber, wie ihr kleiner *Eric* bei Rohkost gedieh. Keine »Babyrezepte«. Lesen Sie, und dann »gehen Sie hin und machen Sie es genauso!«
Hier sind *Dianas* eigene Worte:

»Es war Juni, als ich bemerkte, daß ich schwanger war. Im Alter von 33 Jahren sollte ich mein erstes Kind bekommen. Was für ein erstaunlicher und ernüchternder Gedanke! Noch einen Monat Schule, dreißig Erstkläßler und endlose Formulare zum Jahresabschluß, denen ich mich widmen mußte – dies alles bedrückte mich.

Plötzlich fühlten sich die Salate, die ich so gern mochte, in meinem Mund wie Sägemehl an – meine Ernährung bekam völlig andere Züge. Sie sah ungefähr folgendermaßen aus:

1., 2. und 3. Schwangerschaftsmonat: Nichts schmeckte mir außer Grapefruit und frisch geknackte Haselnüsse, dreimal am Tag gegessen.

4., 5. und 6. Monat: Obwohl Grapefruit noch ein Hauptnahrungsmittel war, stellte ich fest, daß mir wieder viele andere Früchte schmeckten. Inzwischen war September, und die wilden Brombeeren hatten ihre beste Zeit. Es gelang uns außerdem, köstliche Pflaumen, Backpflaumen, Birnen und Äpfel zu finden, die alle ohne Spritzmittel angebaut worden waren. Wir hatten gelesen, Himbeerblättertee sei gut in der Schwangerschaft, darum besuchten wir im frühen September das Himbeerfeld unseres

Nachbarn und pflückten säckeweise Blätter, die wir auf Tabletts trockneten und aufbewahrten. Von September bis zum 1. März trank ich mindestens einen halben Liter Tee täglich davon. Es war schwierig, gute Karotten zu finden, aber es gelang uns, genügend zu bekommen, um täglich einen halben Liter dieses Saftes bereiten zu können. Da ich nach einem anstrengenden Schuljahr erschöpft war, glaubte ich, ein paar Zusatzstoffe zu benötigen, um mich aufzumöbeln, darum nahm ich täglich 6 Algentabletten, 6 Tabletten mit natürlichem Kalzium, 100 I.E. Vitamin E, 2 Teelöffel Kabeljaulebertran, da es bei uns in Kanada in dieser Jahreszeit nicht viel Sonnenschein gibt, und natürliches Vitamin C in wechselnden Mengen.

Immer, wenn Abfallstoffe in meinem Körper zurückgeblieben waren, besorgte ich mir sofort eine frische Ananas. Wenn diese nicht erhältlich war, stellte ich fest, daß ungesüßter Ananassaft ebenso wirksam war.

Ich fühlte mich so wunderbar, daß ich bis zum sechsten Monat nie einen Arzt sah. Meine Freunde wurden so unruhig, daß ich schließlich einwilligte, einen aufzusuchen. Der Arzt konnte es nicht fassen, daß das Kind einen so starken Herzschlag hatte, daß ich kein Gewicht zugelegt hatte und keinerlei Anzeichen von Vergiftung aufwies. Er glaubte an eine natürliche Geburt und war erfreut über meine einfache, natürliche Ernährung.

Ich wanderte täglich meilenweit. Wir hatten zwei kleine Hunde, und so hatte ich immer einen Vorwand, hinauszugehen.

Dann, am 1. März, kam endlich Eric mit einem Schrei und mit einem Kopf voll dicker, langer Kraushaare auf die Welt. Die Haare waren deshalb so bemerkenswert, weil die meisten Kinder, die heute geboren werden, wenig oder keine Haare haben. Seine strahlende Hautfarbe war das

Gesprächsthema der Ärzte und der Schwestern – er hatte keine milchig-weiße Haut!

Zu jedermanns Erstaunen war ich in der Lage, Eric zu stillen, und obwohl die Milch nur langsam kam, hielt ich durch, und bald kam eine reichliche Menge voller, cremiger Milch, obgleich man mir immer gesagt hatte, Brustmilch sei gewöhnlich blau und wässerig.

Die Klinikkost war ziemlich tot, aber ich bestellte jedes lebendige Lebensmittel, das auf dem Menü angeboten wurde. Die Schwestern fürchteten ständig, meine Eiweißaufnahme sei unzureichend, darum wurde ich alle drei Stunden mit großen Gläsern pasteurisierter Milch bombardiert. Ich fütterte damit den Ausguß und ersetzte sie durch Wasser. Mein Mann und meine Schwester brachten mir jeden Tag einen Liter frischen Karottensaft und frisch geknackte Haselnüsse, um meine magere Kost zu ergänzen. Die Platte mit sonnengetrockneten Früchten, die ich geschenkt bekam, wurde als »gefährlich« bezeichnet, da das Kind – so sagte man – davon Durchfall bekäme. Ich konnte nicht einsehen, daß die Früchte dem Kleinen oder mir schaden sollten; denn ich hatte sie zehn Jahre lang gegessen, und das Kind war mit ihnen schon neun Monate lang prächtig gewachsen.

Wie wundervoll war es, nach Hause zurückzukehren – zu einer Fülle von Lebensmitteln, an die ich gewöhnt war! Ich konnte der Platte mit Trockenfrüchten nicht länger widerstehen, und wie wir erwartet hatten, gab es keine Folgen.

Bei all der Rohkost, die ich aß (wenigstens 60 % davon waren Früchte), war ich nach Erics Geburt entsetzt, daß Tag um Tag verging, ohne daß er Stuhlgang hatte. Endlich, am fünften Tag zu Hause, produzierte er einen völlig normalen, kleinen Stuhl – keine Verstopfung, kein Durchfall!

Wo war der Stuhl so lange? Wir wunderten uns, aber dies sollte sich als Regel erweisen. Wie oft fragte ich mich, ob ich ihm Einläufe geben sollte. Das Rätsel blieb, bis wir zufällig ein altes Buch über das Stillen von Kindern fanden, wo es hieß, die Milch werde manchmal so vollständig verwertet, daß es für ein Kleinkind nicht ungewöhnlich sei, bis zu sieben Tage lang keinen Stuhlgang zu haben.

Nach diesem Muster ging es weiter, solange er keine feste Nahrung bekam. Im Alter von sechs Monaten nippte er ein wenig Karottensaft, aber erst als er neun Monate alt war, bekam er feste Nahrung. Eine reife Banane und ein winziges Stück Avocado, beides durch ein feines Sieb gepreßt, bildete seine erste feste Mahlzeit.

Danach gab es keine fünf Tage dauerndes Warten auf Stuhlgang mehr. Innerhalb von ein paar Stunden nach dem Essen brachte er einen Stuhl zum Vorschein, der voll von winzigen schwarzen Fäden war! Ich war entsetzt! Jetzt – so dachte ich – hatte er Würmer! Die Kinderschwester kam an diesem Tag. Ich machte ihr mit Tränen in den Augen die Tür auf und zeigte ihr die Windel zur Inspektion. Sie fragte sofort, was er gegessen habe, und als ich ihr sagte: »Nur ein wenig Banane«, lachte sie und sagte: »Nun, da haben Sie Ihre Würmer: Bananenzellulose!« Bis heute finde ich es schwer zu glauben, daß eine weiche Banane so voller Zellulose ist!

Eric bekam nur diese beiden Lebensmittel – Banane und Avocado – und ein wenig Karottensaft, bis er mehr als ein Jahr alt war. Dann fügten wir seiner Kost langsam den Brei durchgeseihter, eingeweichter roher Backpflaumen, Datteln und Aprikosen hinzu, gewöhnlich mit Avocado als Beigabe. Bald bekam er gemischte frische Früchte, als sie ihre Saison hatten.

Eric wählte sein Essen selbst, wie wir bald lernten. Manchmal aß er tagelang nur Äpfel. Dann wechselte er zu Avocados über, und so ging es weiter. Er liebte es und liebt es noch, auf getrockneten Algenblättern zu kauen.

Die einzige Milch, die er bekam, war zweieinhalb Jahre lang Brustmilch. Jetzt trinkt er Karottensaft und Nußmilch, und wir hoffen, daß wir ihn bald dazu bringen können, auch etwas rohe Ziegenmilch zu trinken.

Er hatte nie einen benommenen Kopf, keinen Schleim, keine Schwellungen, keine Blähungen und keine geschwollenen Drüsen.

Die meisten meiner Freundinnen fütterten ihre Babys mit »Babynahrung« und aus Flaschen. Mit einer bestimmten Babynahrung sollten sie angeblich die ganze Nacht durchschlafen. Da ihre Kinder unfähig waren, die Stärke zu verdauen, kam es zu einer nie endenden Folge von Erkältungen, Grippe, Lungenentzündungen, Windelausschlag und Allergien. Von alledem sind wir zum Glück verschont geblieben, da wir die einfachen Gesetze der Natur befolgten.

Was mich am Stillen störte, war die Tatsache, daß ich mehr Schlaf brauchte und mir meine normale, überschäumende Energie fehlte – aber dafür hatte ich ein glückliches, zufriedenes Kind.

Jetzt ist Eric drei Jahre alt. Seine Kost besteht aus rohen und getrockneten Früchten, frischem rohem Gemüse, Salaten und deren Säften, Nüssen, Samen und Honig, Er ist seelisch ausgeglichen, körperlich gut entwickelt und voller Energie und Neugier.«

Helfen Säfte bei der Knochenheilung?

Diesen Brief erhielt ich von *Adelle Vallaster*, einer Hauswirtschaftslehrerin in Kanada:

»Nach jahrelangen Vorbereitungen reisten Mama und Papa nach Europa, während wir versuchten, uns um ihr Reformhaus zu kümmern. Die Postbediensteten streikten zu dieser Zeit, was unsere Lage weiter komplizierte. Alle Verbindungen waren abgeschnitten, bis das schicksalhafte Telegramm kam, zehn Tage bevor Mama und Papa zurückerwartet wurden. Wir wurden aufgefordert, zusätzliches Geld zu schicken. »Bob« mit dem Auto zum Flugplatz zu schicken und Weizengras in Kisten anzupflanzen.

Etwas war entschieden verkehrt! Es gab keine Möglichkeit zu erfahren, was – bis sie zu Hause ankamen. Zehn Tage voller Angst. Wir erfuhren, daß ein Motorrad Mama angefahren hatte, als sie in Österreich eine Straße überquerte, und ihr fast das Bein abgetrennt hatte. Wie durch ein Wunder wurde sie von einem der führenden Knochenspezialisten der Gegend behandelt, und ihm gelang es, die gebrochenen Knochen wieder in die richtige Lage zu bringen, so daß sie eine Chance hatten, wieder zusammenzuwachsen.

Mamas einziger Gedanke war, so schnell sie konnte, nach Hause zu ihren rohen Säften und ihrer Rohkost zu kommen; denn sie kannte viele Fälle, wo die Heilung dadurch auf wunderbare Weise unterstützt worden war.

Zwei Wochen nach dem Unfall wurden sie in Kanada zurückerwartet. Der Arzt in Österreich meinte, sie seien verrückt, auch nur an eine Reise zu denken. Er war der Ansicht, Mama sei vor allem nicht in der Lage, die Schmerzen zu ertragen, wenn sie sich so oft bewegen mußte. Andererseits glaubte Papa fest daran, daß er sie nach Hause bringen mußte. Schließlich gab der Arzt seine Einwilligung. Mama ertrug die Reise sehr gut, dank ihrer wunderbaren Gesundheit durch das Rohkost-Programm, das sie seit zehn Jahren befolgte.

Sobald sie zu Hause ankam, begannen wir mit den Säften – 120 Gramm Weizengrassaft dreimal am Tag, Karottensaft und zahllose Tassen Comfreytee aus der Wurzel und aus den Blättern. Zusätzlich bekam sie natürliches Vitamin C, natürliches Kalzium und natürliches Vitamin E. Wir hatten eine Fülle von organisch angebauten Pfirsichen, Birnen, Weintrauben und Äpfeln, um in diesem Herbst und Winter unsere Salate aus dem Supermarkt zu ergänzen. Jeden Nachmittag bekam sie eine Mischung aus Sonnenblumenkernen und Sesamsamen, fein gemahlen und mit ein wenig Honig vermischt, sowie eine weitere Tasse Comfreytee.

Ihr Hausarzt wollte sie sofort ins Krankenhaus schikken, da sich Brand in der Wunde gebildet hatte. Nach vielem Zureden stimmte er schließlich zu, sie zu Hause zu lassen, solange sich ihr Zustand nicht verschlechterte und wir sie regelmäßig in die Klinik brachten, um die Verbände zu wechseln. Dies war ein Problem, aber bald war eine Lösung gefunden.

Wie gern hätten wir Comfrey- und Weizengrasumschläge auf die Wunde gelegt, aber dies war unmöglich, da nur ein winziger Schlitz im Gips als Luftloch und zum Anbringen der Verbände vorhanden war.

Dieser Zustand hielt etwa drei Wochen lang an. Dann setzte sichtbar eine Heilung von innen nach außen ein. Dies war ein unerhörter Vorgang, zumal keine Wunder-

arzneien angewandt worden waren. Nur frische Säfte und Lebensmittel lieferten die Elemente, die für die Heilung notwendig waren. Der Zustand besserte sich weiter ständig, und die Klinikbesuche wurden seltener.

Sechs Monate später, als der Gips abgenommen wurde, waren die Schwestern erstaunt, festzustellen, daß kein Geruch vorhanden war, wie es üblich ist, wenn Gips so lange getragen wird. Als eine Röntgenaufnahme gemacht wurde, zeigte sich, daß der kleine Knochen zusammengewachsen war, nicht aber der große: darum wurde nochmals ein Gipsverband angelegt. Der Arzt war ganz sicher, daß der Knochen nicht heilen könne und daß eine Menge Transplantationen – sowohl von Knochen als auch von Fleisch – notwendig sein würden, da der Bruch schartig und die zu heilende Oberfläche sehr lang war und weil so viel Knochenmark verlorengegangen war.

Der Arzt sagte den Schwestern im Scherz, dies sei die Dame, die glaube, Gott und das Grünzeug würden sie heilen. Als aber der Gips zwei Monate später entfernt wurde und beide Knochen vollständig zusammengewachsen waren, war der Arzt der am meisten erstaunte Zeuge!

Heute, 21 Monate nach dem Unfall, füllt sich die Wunde nach und nach mit Gewebe. Zuerst war buchstäblich nur Haut über den Knochen. Jetzt geht Mama ohne Hilfe eines Stocks umher, geht jeden Tag ins Reformhaus und macht ihre Einkäufe selbst.«

Worauf Sie achten sollten

1. *Seien Sie geduldig!*

Wenn man den Körper auf natürliche Weise wieder aufbaut oder regeneriert, ist es sehr wichtig, daran zu denken, daß natürliche Lebensmittel einen normalen Säuberungsprozeß im ganzen Organismus auslösen können. Dieser Reinigungsprozeß kann von zeitweiligen Beschwerden in den Körperteilen begleitet sein, in denen er stattfindet – und manchmal ist dies auch der Fall. Manchmal kann man sich sogar richtig krank fühlen. Wir sollten keinen Augenblick lang glauben, daß Rohkost oder Ihre Säfte uns krank machen, sofern diese frisch sind und man sie am selben Tag ißt bzw. trinkt. Im Gegenteil – wir sollten uns bewußt sein, daß der Reinigungs- und Heilprozeß seinen Lauf nimmt.

Je früher man Unbehagen fühlt, nachdem man reichlich Säfte getrunken hat, desto besser ist es. Je mehr Säfte wir trinken, desto rascher erholen wir uns. Wenn wir Zweifel haben, ist es am besten, einen Arzt zu konsultieren, der Erfahrung in der Säftetherapie bzw. der natürlichen Gesundheitslehre hat. Sofern ein Arzt nicht ständig Säfte anwendet, können Sie auch nicht erwarten, daß er viel über ihre Wirkung weiß. Frische rohe Säfte und besonders Karottensaft als schädlich zu bezeichnen oder zu verurteilen, bedeutet Mangel an Wissen.

Wir erwarten nicht, daß Gifte, die sich ein Leben lang angereichert haben, auf wundersame Weise über Nacht aus unserem Körper gedrängt werden können. Das braucht Zeit.

2. *Seien Sie tolerant und voller Mitgefühl!*

Leute, die über lustige Neuigkeiten schreiben, haben behauptet, Karottensaft mache die Haut gelb. Es ist die Unwissenheit bezüglich der Körperfunktionen, die jemanden veranlassen kann, diesen Unsinn zu glauben. Es ist ebenso absurd zu glauben, der Farbstoff der Karotte käme durch die Haut, oder der rote Farbstoff der Rote Bete oder das grüne Chlorophyll des Spinats. Wenn nach dem Trinken von Säften gelbe oder braune Farbe auf der Haut erscheint, ist dies ein Anzeichen dafür, daß die Leber alte Galle und andere Abfallstoffe in größeren Mengen abbaut, als die Ausscheidungsorgane bewältigen können, so daß ein Teil der Ausscheidung durch die Poren der Haut stattfindet, was völlig normal ist. Wenn Sie jedoch fortfahren, Säfte zu trinken, verschwindet die Verfärbung schließlich wieder.

Manchmal kann eine Hautverfärbung durch Arbeitsüberlastung oder Übertreibung beim Sport und durch Schlafmangel eintreten, obwohl Sie der Meinung sein mögen, Ihr Körper sei in einer recht guten Verfassung. Nachdem Sie sich ausgeruht haben, verschwindet jedoch diese Verfärbung früher oder später.

Sobald sich Ihr Körper durch ständigen Verzehr natürlicher roher Nahrung und frischer roher Gemüse- und Fruchtsäfte erneuert hat und von Abfallstoffen und Verstopfungen gereinigt ist, verfügen Sie auf jeden Fall über eine derartig ungeheure Gesundheit, Energie und Vitalität, daß die Kritik unwissender Nörgler uns nicht mehr trifft.

3. *Hygiene*

Die richtige Reinigung und Desinfektion der Maschinen, in denen Säfte bereitet werden, sowie aller Geräte und Räumlichkeiten ist von großer Wichtigkeit. Rohe Säfte sind leicht verderblich, und Sie müssen jede nur mögliche Vorsorge treffen, um sie auf hygienische Weise herzustellen.

Wenn Sie ein Tischgerät benutzen, wie z.B. den Champion-Entsafter, sollten Sie niemals in einer Maschine Säfte zubereiten, wenn sie nicht zuvor mit kaltem Wasser gespült und dann mit kochendem Wasser gereinigt wurde, und zwar sofort nachdem sie zum letzten Mal benutzt wurde.

Manchmal verderben Säfte trotz peinlichster Sorgfalt beim Reinigen der Ausrüstung. Dies kann daran liegen, daß eines oder mehrere der Gemüse oder Früchte verdorben waren und den ganzen Rest angesteckt haben. Daher ist es von größter Wichtigkeit, Früchte und Gemüse gründlich zu säubern und alles was welk oder faul ist, wegzuwerfen.

Entgiftung

Äußerste Sauberkeit ist der erste Schritt zu einem gesunden Körper. Jede Anhäufung oder Zurückbehaltung von krankhaften Stoffen oder von Abfallprodukten jeder Art in unserem Körper verzögert unsere Fortschritte in Richtung Genesung.

Die natürlichen Ausscheidungskanäle sind die Lungen, die Hautporen, die Nieren und der Darm.

Schwitzen entsteht durch die Tätigkeit der Schweißdrüsen, die Gifte ausscheiden, welche für uns schädlich wären, wenn sie im Körper zurückbehalten würden. Die Nieren scheiden die Endprodukte der Nahrung und des Körperstoffwechsels aus, die sie von der Leber bekommen. Der Darm scheidet nicht nur den Nahrungsabfall aus, sondern auch Abfallstoffe, die man Körperabfall nennt, nämlich die aufgebrauchten Zellen und Gewebe – das Ergebnis unserer körperlichen und geistigen Aktivität –, die, wenn sie nicht beseitigt werden, Eiweißfäulnis hervorrufen, was zur Vergiftung oder Übersäuerung führt.

Das Zurückbehalten dieses Körperabfalls hat eine viel heimtückischere Wirkung, als man gewöhnlich erwartet, und seine Beseitigung ist einer der ersten Schritte in Richtung auf einen spürbaren Fortschritt.

Eine wirksame Methode, diese Beseitigung rasch zu bewirken – vor allem bei Erwachsenen – ist die folgende *(Anmerkung: Wenden sie dieses Entgiftungsverfahren nicht bei Appendizitis oder bei einer Neigung dazu an):*

Als erstes trinken Sie am morgen nach dem Aufstehen $^{1}/4$ Liter Salzlösung oder mischen Sie einen Eßlöffel voll

Glaubersalz (Natriumsulfat) in einem Viertel-Liter-Glas warmem oder kaltem Wasser. Der Zweck dieser Salzlösung ist nicht hauptsächlich, den Darm zu entleeren – was sie jedoch ohnehin tut –, sondern vielmehr Giftstoffe oder Körpergifte, falls sie vorhanden sind, in den Darm zu ziehen und auszuscheiden.

Diese Salzlösung wirkt auf den giftigen Lymph- und Körperabfall, wie ein Magnet Nägel und Metallspäne zu sich heranzieht. Der Körperabfall wird so in den Darm gezogen und in einer Serie von Darmentleerungen, die zusammen vier Liter oder mehr ausmachen können, aus dem Körper entfernt.

Würde man nichts tun, um die so ausgeschiedenen Substanzen durch etwas von gleichem Volumen zu ersetzen, würde der Körper natürlich in diesem Ausmaß entwässert. Darum ersetzen wir die beseitigten giftigen oder sauren Stoffe, indem wir zwei Liter frisch gepreßten Zitrusfruchtsaft trinken, den wir zur rascheren Absorption im Körper mit zwei Liter Wasser verdünnen. Dies führt zu einer alkalischen Reaktion in unserem Organismus. Der Zitrussaft wird frisch und in folgenden Anteilen bereitet:

> 4 große oder 6 mittelgroße Grapefruits,
> 2 große oder 3 mittelgroße Zitronen und
> genügend Orangen, um eine Mischung von insgesamt zwei Litern zu erhalten. Fügen Sie zwei Liter Wasser hinzu.

Trinken Sie davon einen Viertelliter, eine halbe Stunde nachdem Sie die Salzlösung zu sich genommen haben. Danach trinken Sie ein Glas des verdünnten Saftes alle zwanzig oder dreißig Minuten, bis die ganzen zwei Liter Saft, die mit zwei Litern Wasser verdünnt worden waren, aufgebraucht sind.

Essen Sie den ganzen Tag über nichts. Wenn Sie gegen Abend sehr hungrig sind, können Sie einige Orangen oder Grapefruits essen oder deren Saft oder etwas Selleriesaft trinken.

Bevor Sie abends zu Bett gehen, machen Sie in knieender Stellung einen Einlauf, wobei Sie etwa zwei Liter Wasser verwenden, das etwas kühler als lauwarm ist und in das Sie den Saft von ein oder zwei Zitronen gegeben haben.*

Ich empfehle am liebsten ein 75 Zentimeter langes Darmrohr. Schmieren Sie es mit einem wasserlöslichen pflanzlichen Gleitmittel ein. Vermeiden Sie Gleitmittel auf Basis von Mineralöl wie z.B. Vaseline.

Der Zweck dieses Einlaufs ist es, aus den Falten des Dickdarms und des übrigen Darms alle Abfallstoffe zu entfernen, die dort verblieben sein mögen und die andernfalls während des Schlafs in den Organismus gelangen können.

Wiederholen Sie diese Entgiftung an drei aufeinanderfolgenden Tagen. So werden ungefähr zwölf Liter giftige Lymphe aus dem Körper entfernt und durch zwölf Liter alkalische Säfte ersetzt. Dies beschleunigt die Realkalisierung des Organismus.

Am vierten Tag und an den darauffolgenden Tagen beginnen Sie damit, Gemüsesäfte zu trinken und Gemüse und Früchte zu essen, jeweils roh.

Sie brauchen nicht unnötig zu erschrecken, wenn Sie sich während oder nach dieser Entgiftung etwas schwach fühlen. Die Natur benutzt unsere Energie für die Reinigung in unserem Inneren, und Sie gewinnen bald größere Energie und Vitalität zurück – die Folge eines sauberen und gesunden Körpers.

*Lesen Sie auch das illustrierte Kapitel über Einläufe in meinem Buch »*Auch Sie können wieder jünger werden*«.

Rohe Frucht- und Gemüsesäfte

Therapeutische Anwendung bei bestimmten Krankheiten

Die Zahlen, die bei jeder Krankheit angegeben werden, beziehen sich auf die Rezeptnummer in der Liste der Saftmischungen auf den Seiten 143 bis 145. Kinder und Jugendliche sollten die Säfte in kleineren Mengen anwenden.

Erwachsene trinken täglich mindestens einen halben Liter oder mehr der angegebenen Rezeptmischungen über mehrere Wochen hinweg, um spürbare Resultate zu erzielen.

Die Säfte für jede Krankheit werden in der Reihenfolge ihrer größten Wirksamkeit aufgezählt. Die Säfte, die ich für unerläßlich halte, erscheinen in Fettdruck, die anderen haben aber ebenfalls positive Wirkungen. Wenn möglich, trinkt man täglich wenigstens einen halben Liter jeder Mischung, deren Rezeptnummer in Fettdruck angegeben wird.

Zum Beispiel: Bei Arthritis trinke man wenigstens einen halben Liter von Rezept Nr. 22 (Grapefruit), ferner einen halben Liter von Nr. 61 (Karotten- und Spinatsaft, gemischt), und wenigstens einen halben Liter von Nr. 37 (Karotten- und Selleriesaft, gemischt). Dies bedeutet eine Gesamtmenge von 1½ Litern täglich, was gewöhnlich innerhalb eines vernünftigen Zeitraums zu spürbaren Resultaten führt. Es hat sich außerdem als nützlich erwiesen, einen halben Liter von Nr. 30 (Karotten-, Rüben- und Gurkensaftmischung) hinzuzufügen. Diese Säfte trinkt man den ganzen Tag über in Abständen von ein oder zwei Stunden zwischen jeder Mischung.

Denken Sie daran, daß Sie durch das Mischen verschiedener Saftarten die chemische Zusammensetzung jedes einzelnen Saftes verändern, so daß sich die Wirkung der ganzen Mischung von der jedes Saftes, wenn man ihn einzeln trinken würde, unterscheidet. Wenn Sie Resultate erzielen, die unglaublich erscheinen, so liegt dies an meinem Wissen um die richtigen Mischungen.

Bei der Auswahl der Säfte und deren Mischungen, die sich bei bestimmten Leiden oder Zuständen als am nützlichsten erwiesen haben, ist es wichtig, die eigentliche Ursache herauszufinden, um sie bekämpfen zu können und nicht nur Symptome zu beseitigen.

Arthritis zum Beispiel, für die ich die verschiedenen Rezepte genannt habe, die sich als am wirksamsten erwiesen haben, ist meiner Erfahrung nach die Folge lange verdrängten Ärgers und der Anhäufung von anorganischen Kalziumablagerungen in den Knorpeln der Gelenke.

Da der betreffende Knorpel anorganische Kalziummoleküle magnetisch anzieht, lagert das Blut sie dort ab anstatt in einem anderen Teil des Körpers wie etwa im Falle von Hämorrhoiden.

Bei Arthritis verhärtet das Kalzium die Knorpel und die Bänder, während es bei Hämorrhoiden das Blutfibrin gerinnen läßt. In beiden Fällen ruft der Verzehr von Nahrungsmitteln, die anorganische Kalziummoleküle enthalten, nicht den leisesten Verdacht hervor: man ahnt nicht, was sich letztlich daraus ergeben kann.

Wenn sich eine arthritische Ablagerung jedoch erst einmal festgesetzt hat, wird sie immer bedrohlicher, bis sich echte Knochenschäden einstellen. Das Anschwellen der Gelenke ist gewöhnlich das erste Symptom, nachdem sich gelegentlich stechende Schmerzen bemerkbar gemacht haben. Sobald sich die Kalkverkrustungen festgesetzt haben, geht ihre weitere Entwicklung ständig voran, und die Ablagerungen häufen sich.

Eine der wirksamsten Substanzen, die bei der Auflösung dieser anorganischen Kalkablagerungen helfen, befindet sich in Grapefruits, und zwar in der organischen Salicylsäure, die sie enthalten. Daher unterstützt ein halber Liter oder mehr Grapefruitsaft am Tag die Auflösung dieser abgelagerten körperfremden Materie. Der Saft aus Dosen ist für diesen Zweck jedoch ungeeignet.

Grünes Wintergemüse enthält stark durchdringende Äther und eine große Menge Salicylsäure. Es wird oft äußerlich angewandt, um die Schmerzen zu lindern, die gewöhnlich der Reinigung und Regeneration der Knorpel und Gelenke folgen.

Das Auflösen von anorganischem Kalzium ist jedoch nur der erste Schritt der fortschreitenden Regeneration. Es ist so schwierig, Ärger einzuräumen und aufzugeben, aber dies ist der allererste Schritt, der notwendig ist, um die Situation zu verbessern. Das Kalzium muß aus dem Körper entfernt werden, darum trinken Sie täglich einen halben Liter reinen Selleriesaft, dessen hoher Kaliumgehalt dazu beiträgt, daß das Kalzium in mehr oder weniger gelöstem Zustand verbleibt. Sowohl das Blut als auch die Lymphe befördern diesen Abfall zum Dickdarm. Um die Arbeit dieses Organs zu erleichtern, trinken Sie einen halben Liter Karotten- und Spinatsaft. Diese Mischung dient als Nahrung für die Nerven und Muskeln des Dickdarms und des Dünndarms.

Ein halber Liter Karotten- und Spinatsaft täglich unterstützt den Wiederaufbau und die Erneuerung der Knorpel und Gelenke und hilft ihnen schließlich dabei, ihren Normalzustand wiederzuerlangen.

Der Prozeß ist gewöhnlich schmerzhaft – manchmal mehr, manchmal weniger. Ich habe aber viele Kranke gesehen, die durchgehalten haben und im Nu aktiver als je zuvor wurden. Es erfordert Willenskraft und die Mitarbeit aller, die am Wohlergehen des Kranken interessiert sind.

Impfstoffe, Medikamente, Hitze, Elektrizität und eine Vielzahl herkömmlicher Patentrezepte haben sich als wertlos erwiesen. Die Linderung von Schmerzen heilt nicht die Ursache.

Wenn der Körper leidet, weil die grundlegenden Gesetze seiner Ernährung mißachtet werden, dann muß die Reinigung des Organismus von Ablagerungen und eine Ernährung mit lebendiger Nahrung aus frischem Gemüse und frischen Früchten die zurückgehende Energie und Vitalität zumindest teilweise wiederherstellen.

Wenn diese Nahrung in Form von frischen rohen, richtig gepreßten Säften getrunken wird, zeigen sich die Ergebnisse schneller und deutlicher, sobald man Ärger und Frustrationen aus seinem Bewußtsein entfernt.

Rezepte

Auf Rezepte für ***Fruchtsäfte*** *habe ich hier weitgehend verzichtet. Diese Säfte haben alle eine gute Reinigungswirkung, ob sie nun allein oder gemischt getrunken werden. Lesen Sie dazu auch mein Buch »Täglich frische Salate erhalten Ihre Gesundheit«.*

1. Karotten
2. Kalium (Karotten, Sellerie, Petersilie und Spinat)
3. Rote Bete und ihre Blätter
4. Rosenkohl
5. Kohl
6. Sellerie
7. Gurken
8. Löwenzahn
9. Endivien (Chicorée)
10. grüner Paprika
11. Meerrettich und Zitronen
12. Kopfsalat
13. Petersilie
14. Rettich und Rettichblätter
15. Spinat
16. grüne Bohnen
17. Steckrüben und Steckrübenblätter
18. Brunnenkresse
19. Alfalfa
20. Äpfel
21. Kokosnüsse
22. Grapefruits

23. Zitronen
24. Orangen
25. Granatäpfel
26. Karotten und Rote Bete
27. Karotten, Äpfel und Rote Bete
28. Karotten, Rote Bete und Sellerie
29. Karotten, Rote Bete und Kokosnuß
30. Karotten, Rote Bete und Gurken
31. Karotten, Rote Bete und Kopfsalat
32. Karotten, Rote Bete, Kopfsalat und Steckrüben
33. Karotten, Rote Bete und Spinat
34. Karotten und Kohl
35. Karotten, Kohl und Sellerie
36. Karotten, Kohl und Kopfsalat
37. Karotten und Sellerie
38. Karotten, Sellerie und Endivien
39. Karotten, Sellerie und Kopfsalat
40. Karotten, Sellerie und Petersilie
41. Karotten, Sellerie und Rettich
42. Karotten, Sellerie und Spinat
43. Karotten, Sellerie und Steckrüben
44. Karotten und Gurken
45. Karotten und Löwenzahn
46. Karotten, Löwenzahn und Kopfsalat
47. Karotten, Löwenzahn und Spinat
48. Karotten, Löwenzahn und Steckrüben
49. Karotten und Endivien
50. Karotten, Sellerie, Endivien und Petersilie
51. Karotten und grüner Paprika
52. Karotten und Kopfsalat
53. Karotten, Kopfsalat und Alfalfa
54. Karotten, Kopfsalat und Gurken
55. Karotten, Kopfsalat und Spinat
56. Karotten, Kopfsalat und grüne Bohnen

57. Karotten, Kopfsalat, grüne Bohnen und Rosenkohl
58. Karotten, Kopfsalat und Steckrüben
59. Karotten und Petersilie
60. Karotten und Rettich
61. Karotten und Spinat
62. Karotten, Spinat, Steckrüben und Brunnenkresse
63. Karotten und Steckrüben
64. Karotten, Steckrüben und Brunnenkresse
65. Karotten und Brunnenkresse
66. Karotten und Alfalfa
67. Karotten und Äpfel
68. Karotten und Fenchel
69. Karotten und Kokosnuß
70. Grapefruits, Zitronen und Orangen
71. Karotten und Orangen
72. Karotten und Granatäpfel
73. Karotten, Kopfsalat und Granatäpfel
75. Kohl und Sellerie
76. Sellerie, Gurken, Petersilie und Spinat
77. Sellerie, Gurken und Steckrüben
78. Sellerie, Löwenzahn und Spinat
79. Sellerie, Endivien und Petersilie
80. Sellerie, Kopfsalat und Spinat
81. Sellerie, Spinat und Petersilie
82. Sellerie und grüne Bohnen
83. Rosenkohl und grüne Bohnen
84. Karotten, Rosenkohl und grüne Bohnen
85. Karotten, Spargel und Kopfsalat
86. Karotten, Rettich und Brunnenkresse
87. Karotten, Pastinaken, Kartoffeln und Brunnenkresse

Es ist wichtig, daran zu denken, daß man nur dann zufriedenstellende Resultate erhält, wenn die Säfte mit einem geeigneten Entsafter wie z.B. dem Champion-Entsafter hergestellt wurden. Es hat sich gezeigt, daß dieses Gerät die Vitamine, Mineralien und anderen Wirkstoffe aus Gemüse und Früchten extrahiert und daß die Enzyme vollständiger erhalten bleiben als bei jeder anderen Methode.

Wenn Sie einen anderen Entsaftertyp benutzen, ist es notwendig, die angegebene Menge zu erhöhen. Jeder Saft, solange er frisch und roh ist, ist jedoch besser als gar kein Saft.

Wo einzelne Säfte angegeben werden, bedarf es natürlich keines Rezeptes mit Mischungsverhältnissen. Wenn in der folgenden Aufzählung keine Rezeptnummern genannt werden, handelt es sich um einzelne Säfte.

In der folgenden Liste sind Mischungsverhältnisse aufgeführt, die sich immer wieder als hilfreich erwiesen haben, wenn die angegebenen Kombinationen und Anteile verwendet werden.

Die Nummern für die einzelnen Säfte werden auf den vorangegangenen Seiten angegeben. Die Mengenangaben beziehen sich immer auf etwa 0,5 Liter (oder 500 g).

Nr. 2:	Karotten	320 g
	Sellerie	20 g
	Petersilie	60 g
	Spinat	100 g
Nr. 11:	Saft aus 1 ganzen Zitrone auf 100 g geriebenen, aber nicht gepreßten Meerrettich	
Nr. 26:	Karotten	400 g
	Rote Bete	100 g
	Anmerkung: Verwenden Sie Blätter und Knollen	
Nr. 27:	Karotten	220 g
	Äpfel	180 g
	Rote Bete	100 g
Nr. 28:	Karotten	250 g
	Rote Bete	100 g
	Sellerie	150 g
Nr. 29:	Karotten	350 g
	Rote Bete	100 g
	Kokosnuß	50 g
Nr. 30:	Karotten	300 g
	Rote Bete	100 g
	Gurken	100 g
Nr. 31:	Karotten	300 g
	Rote Bete	100 g
	Salat	100 g

Nr. 32:	Karotten	250 g
	Rote Bete	100 g
	Salat	100 g
	Steckrüben	50 g
Nr. 33:	Karotten	300 g
	Rote Bete	100 g
	Spinat	100 g
Nr. 34:	Karotten	350 g
	Kohl	150 g
Nr. 35:	Karotten	250 g
	Kohl	125 g
	Sellerie	125 g
Nr. 36:	Karotten	250 g
	Kohl	125 g
	Kopfsalat	125 g
Nr. 37:	Karotten	300 g
	Sellerie	200 g
	Anmerkung: Wenn Sie Sellerieblätter verwenden, ändern Sie die Anteile in 350 g Karotten und 150 g Sellerie	
Nr. 38:	Karotten	250 g
	Sellerie	150 g
	Endivien	50 g
Nr. 39:	Karotten	250 g
	Sellerie	150 g
	Kopfsalat	100 g

Nr. 40:	Karotten	300 g
	Sellerie	150 g
	Petersilie	50 g
Nr.. 41:	Karotten	250 g
	Sellerie	150 g
	Rettich	100 g
Nr. 42:	Karotten	225 g
	Sellerie	150 g
	Spinat	125 g
Nr. 43:	Karotten	250 g
	Sellerie	200 g
	Steckrüben	50 g
Nr. 44:	Karotten	350 g
	Gurken	150 g
Nr. 45:	Karotten	400 g
	Löwenzahn	100 g
Nr. 46:	Karotten	300 g
	Löwenzahn	100 g
	Kopfsalat	100 g
Nr. 47:	Karotten	300 g
	Löwenzahn	100 g
	Spinat	100 g
Nr. 48:	Karotten	350 g
	Löwenzahn	100 g
	Steckrüben	50 g

Nr. 49:	Karotten	400 g
	Endivie (Eskarol)	100 g
Nr. 50:	Karotten	250 g
	Sellerie	150 g
	Endivie (Eskarol)	50 g
	Petersilie	50 g
Nr. 51:	Karotten	400 g
	grüner Paprika	100 g
Nr. 52:	Karotten	350 g
	Kopfsalat	150 g
Nr. 53:	Karotten	300 g
	Kopfsalat	125 g
	Alfalfa	75 g
Nr. 54:	Karotten	250 g
	Kopfsalat	150 g
	Gurke	100 g
Nr. 55	Karotten	250 g
	Kopfsalat	150 g
	Spinat	100 g
Nr. 56	Karotten	300 g
	Kopfsalat	125 g
	grüne Bohnen	75 g

Nr. 57:	Karotten	200 g
	Kopfsalat	100 g
	grüne Bohnen	100 g
	Rosenkohl	100 g
Nr. 58:	Karotten	300 g
	Kopfsalat	125 g
	Steckrüben	75 g
Nr. 59:	Karotten	400 g
	Petersilie	100 g
Nr. 60:	Karotten	350 g
	Rettich	150 g
Nr. 61:	Karotten	300 g
	Spinat	200 g
Nr. 62:	Karotten	250 g
	Spinat	125 g
	Steckrüben	75 g
	Brunnenkresse	50 g
Nr. 63:	Karotten	400 g
	Steckrüben	100 g
Nr. 64:	Karotten	300 g
	Steckrüben	100 g
	Brunnenkresse	100 g
Nr. 65:	Karotten	400 g
	Brunnenkresse	100 g

Nr. 66:	Karotten	400 g
	Alfalfa	100 g
Nr. 67:	Karotten	300 g
	Äpfel	200 g
Nr. 68:	Karotten	300 g
	Fenchel	200 g
Nr. 69:	Karotten	300 g
	Kokosnuß	100 g
Nr. 70:	Grapefruits	200 g
	Zitronen	100 g
	Orangen	200 g
Nr. 71:	Karotten	350 g
	Orangen	150 g
Nr. 72:	Karotten	350 g
	Granatäpfel	150 g
Nr. 73:	Karotten	300 g
	Rote Bete	75 g
	Granatäpfel	125 g
Nr. 74:	Karotten	225 g
	Kopfsalat	150 g
	Granatäpfel	125 g
Nr. 75:	Kohl	175 g
	Sellerie	325 g

Nr. 76:	Sellerie	250 g
	Gurken	100 g
	Petersilie	50 g
	Spinat	100 g
Nr. 77:	Sellerie	300 g
	Gurken	150 g
	Steckrüben	50 g
Nr. 78:	Sellerie	250 g
	Löwenzahn	125 g
	Spinat	125 g
Nr. 79:	Sellerie	350 g
	Endivie (Eskarol)	100 g
	Petersilie	50 g
Nr. 80:	Sellerie	225 g
	Kopfsalat	150 g
	Spinat	125 g
Nr. 81:	Sellerie	300 g
	Spinat	150 g
	Petersilie	50 g
Nr. 82:	Sellerie	375 g
	grüne Bohnen	125 g
Nr. 83:	Rosenkohl	225 g
	grüne Bohnen	275 g

Nr. 84:	Karotten	200 g
	Rosenkohl	150 g
	grüne Bohnen	150 g
Nr. 85:	Karotten	250 g
	Spargel	125 g
	Kopfsalat	125 g
Nr. 86:	Karotten	250 g
	Rettich	125 g
	Brunnenkresse	125 g
Nr. 87:	Karotten	200 g
	Pastinaken	125 g
	Kartoffeln	125 g
	Brunnenkresse	50 g

Anmerkung: Verwenden Sie von Rote Bete, Löwenzahn, Rettichen und Steckrüben die Blätter und die Wurzeln.

Wenn Sie Karotten vorbereiten, schneiden Sie die Blätter einen Zentimeter unter dem Ring ab, wo die grünen Stiele anfangen, und knipsen Sie den »Schwanz« der Karotte ab.

Um Spritzmittel usw. zu beseitigen, waschen Sie Gemüse gründlich mit viel kaltem, laufendem Wasser und benutzen, Sie wenn nötig, eine harte Bürste.

Die geltenden Gesetze verlangen, daß ansteckende und infektiöse Krankheiten unter der Anleitung eines Arztes behandelt werden. Suchen Sie sich nach Möglichkeit einen Arzt, der mit der natürlichen Gesundheitslehre vertraut ist, Darmspülungen kennt und die therapeutische Wirkung von frischen rohen Gemüse- und Fruchtsäften sowie einer entsprechenden Kost kennt.

Krankheiten und Rezepte

Anmerkung: Es ist gesetzwidrig, bei Krankheiten Diagnosen zu stellen oder etwas zu verschreiben, außer es handelt sich um einen zugelassenen Arzt. Die folgenden Krankheiten und die entsprechenden Rezepte werden hier als Anleitung für Heilberufe aufgezählt und sollen ihnen als allgemeine Information dienen. Sie basieren zwar auf Erfahrungen in der Vergangenheit, sind aber nicht dazu gedacht, verschrieben zu werden. Diese Rezepte sind das Ergebnis intensiver Forschung durch den Verfasser in Zusammenarbeit mit Dr. med. R. D. Pope.

Die Liste der angegebenen Rezepte befindet sich auf den Seiten 143 bis 145.

Akne: 61, 1, 55
Unreinheiten im Körper, die dieser durch die Haut auszuscheiden versucht. Eines der Symptome für Übersäuerung. Ich würde davon absehen, Salben, Medikamente aller Art und Röntgenstrahlen zu benutzen, und stattdessen natürliche Methoden anwenden, um die Ursache zu beseitigen.

Addisonsche Krankheit: 3, 6, 12 (Lattich). 25, 74, 80
Die Folge fehlenden vitalen, organischen Natriums im besonderen und eines Übermaßes an Abfallstoffen im Körper im allgemeinen, wodurch die Nebennieren ange-

griffen werden. Die Injektion von Drüsenextrakten toter Tiere kann diesen Zustand nicht heilen. Wir haben jedoch gesehen, daß man großen Nutzen daraus ziehen kann, wenn man sich streng an eine natriumreiche und kaliumarme Rohkost hält. Lattich ist besonders wirksam. Lesen Sie den Abschnitt über dieses Gemüse auf Seite 77.

Albuminurie: 61, 30, 29, 1, 40, 59
Albumin im Urin.

Allergie: 61, 30, 1
Körperliche Unbehagen oder Reizzustand, der auf übermäßige Anreicherung von Abfallstoffen im Körper zurückzuführen ist, wenn man gesunde Kost ißt, die bewirkt, daß Gifte im Körper aufgewühlt werden. Allergie gegen Erdbeeren bedeutet beispielsweise, daß diese Frucht Gifte aufwühlen kann, die sich manchmal als Nesselausschlag zeigen.

Bei Allergien gegen Erdbeeren hat die Toxämie den Stoffwechsel und die Gewebe des Körpers schon so weitgehend geschädigt, daß der Körper sich tatsächlich gegen Erdbeeren wehrt, in dem er nachweisbar Antikörper gegen Bestandteile der Erdbeeren bildet, und zwar so heftig, daß dabei die Nesselsucht ausgelöst wird. Dennoch kann gesunde Kost und noch mehr das Fasten den Körper durch Reinigung ermöglichen, die Toxämie abzubauen, wenn die Toxämie dann vorbei ist, entsteht auch keine allergische Reaktion auf Erdbeeren (oder anderes) mehr.

Anämie: 61, 68, 2, 28, 30, 25, 29, 31, 46, 55, 48, **85**
Mangel an roten Blutkörperchen oder an rotem Blutfarbstoff. Verursacht durch gewohnheitsmäßigen, langandauernden Verzehr von Nahrungsmitteln, in der die Kalziummoleküle und andere Moleküle denaturiert wurden,

z.B. Dosennahrung, Stärkeprodukte und pasteurisierte Milch. Die Einnahme von Leberextrakt – oral oder durch Injektion – wurde früher einmal als Heilmittel angesehen. Wegen des Schadens, den diese Extrakte in den Nieren anrichten, entwickelt sich bei manchen Kranken früher oder später die Brightsche Krankheit.

Angina Pectoris: 61, 2, 30

Herzklappen- und Herzmuskelbeschwerden als Folge von Blutunreinheiten, häufiger aber die Folge von Gasdruck im Dickdarm.

Aphonie: 61, 1, 48, 53

Verlust der Artikulationsfähigkeit beim Sprechen.

Apoplexie: 61, 62, 2, 28, 39

Schlaganfall, Folge zu hohen Blutdrucks im Gehirn, der auf Unreinheiten in den Blutgefäßen zurückzuführen ist, z.B. auf anorganisches Kalzium, wenn man jahrelang zuviel Stärkeprodukte und fette Nahrungsmittel verzehrt. Verstopfungen in den unteren Darmabschnitten und die daraus folgende Absorption von Giften haben sich als Mitursachen herausgestellt. Tägliche, wiederholte Einläufe und eine strenge Kost aus frischer Rohkost mit wenigstens zwei Liter Saft am Tag haben sich als wertvoll erwiesen.

Appendizitis: 1, 2, 30, 61

Entzündung des Appendix (Wurmfortsatz des Blinddarms), verursacht durch übermäßige Anhäufung von Abfallstoffen im Dickdarm, die nicht ausgeschieden werden. Der Appendix ist eine Drüse, deren Sekrete übermäßige Fäulnis und krankhafte Ausbreitung von Bakterien im

Dickdarm neutralisieren sollen, die schädliche Auswirkungen auf den Dickdarm haben können.

Arterienverkalkung usw.: **61, 2, 80, 28,** 55

Die Folge eines Mangels an lebendigem, organischem Kalzium und eines Übermaßes an anorganischem Kalzium in der Nahrung; dadurch verlieren die Blutgefäße an Elastizität, und in den Adern gerinnt das Blut. Ablagerungen anorganischen Kalziums verwandeln die elastischen Wände der Blutgefäße in harte Röhren. Nur die Natur kann diesen Zustand bei äußerster und vorbehaltloser Mitarbeit des Kranken heilen.

Arthritis: 22, 61, 6, 37, 30

Anorganische Kalziumablagerungen in den Gelenkknorpeln als Folge übermäßigen Verzehrs von konzentrierten Kohlenhydraten. Lesen Sie den besonderen Abschnitt zu diesem Thema.

Asthma: 61, 11, 37, 60, 41

Extreme Atembeschwerden infolge von Schleimansammlungen in den Bronchien. Kranke, die die Gesetze der Natur befolgen, haben keine Schwierigkeit, sich von dieser Strafe für den Verzehr schleimbildender Nahrungsmittel zu befreien. Wenn man von Asthma genesen ist, kann man es leicht wiederbekommen, wenn man viel Weißbrot und Milchprodukte ißt und viel Kuhmilch trinkt. Fast alle Arten von konzentrierten Kohlenhydraten und Milchprodukten, Käse usw. tun uns den Gefallen, diesen Feind zur Rückkehr einzuladen. Allergietests, medikamentöse »Allheilmittel«, Blut- und Auswurfuntersuchungen verschlimmern in der Regel diese Dinge noch. Die Ursache von Asthma ist der Schleim. Lesen Sie den Abschnitt über Meerrettich.

Astigmatismus: 1, 61, 30, 50

Störung des Gesichtssinnes aufgrund eines Augenfehlers, der verursacht wird durch das Fehlen lebendiger, organischer Moleküle in der Nahrung der Sehorgane. Verstärkt wird diese Störung durch Abfallstoffe in den Organen und Drüsen, welche die Augen direkt beeinflussen. Die Leber, die Gallenblase, die Bauchspeicheldrüse, die Schilddrüse und der Dickdarm sind Drüsen und Organe, deren schlechte Funktion unmittelbar und direkt zu jeder Störung der Sehorgane beiträgt.

Augenstörungen: 1, 61, 50

Lesen Sie die Abschnitte über den Grauen Star und über Endiviensaft.

Bauchfellentzündung: 61, 30, 40, 15

Entzündung der Venen infolge übermäßiger Mengen an Stärke, Kalzium und Zersetzungsprodukten im Organismus.

Bettnässen: 30

Diese kindliche Gewohnheit sollte im ersten oder zweiten Jahr verschwinden. Wenn sie bleibt, geben Sie keine Getränke mehr ab etwa 16 Uhr, aber lassen Sie das Kind während des Tages reichlich trinken. Beobachten Sie, wann ungefähr das Bettnässen stattfindet, wecken Sie das Kind in den folgenden Nächten etwa 10 bis 20 Minuten vor dieser Zeit, und setzen Sie dieses Verfahren fort, bis das Kind von allein aufwacht. Gekochter Spinat und Rhabarber verlängern Bettnässen, da die anorganischen Oxalsäurekristalle die Nieren zur Überaktivität reizen.

Blasenbeschwerden: 30, 61

Reizzustände in diesem Organ sind gewöhnlich die Folge übermäßiger Säure, die sich anhäuft durch den Verzehr von Nahrungsmitteln, die saure, unzureichend verdaute oder aufgelöste Endprodukte hinterlassen – zum Beispiel Harnsäurekristalle vom Fleischverzehr und Oxalsäurekristalle vom Verzehr gekochten Spinats oder Rhabarbers. Wenn man diese Kristalle wachsen läßt, können sich Steine bilden.

Die Beseitigung dieser Steine durch Verbrennen, Operieren, Röntgenbestrahlung, Radium oder Medikamente beseitigt nicht die Ursache. Im Gegenteil – es ist wahrscheinlich, daß schließlich sogar ein schlimmerer Zustand eintritt. Übermäßiger Verzehr konzentrierter Stärkenahrung ist ebenfalls eine Mitursache. Eine Blasenentzündung kann den normalen Urinfluß stören, was zu Schäden an den Blasenwänden führt. Dieser Zustand wird Zystitis genannt.

Blasensteine können sich entweder innerhalb der Blase bilden, oder sie können von den Nieren gekommen sein. Lesen Sie unter »Nierensteine« nach. Blasenbeschwerden bei Männern haben oft auch mit Prostataproblemen zu tun.

Blasenkatarrh (Zystitis): **30, 61, 40, 29**, 51

Entzündung der Harnblase. Lesen Sie den Abschnitt über Blasenbeschwerden.

Blinddarmentzündung: siehe Appendizitis

Blindheit:

Siehe »Grauer Star«. Lesen Sie auch den Abschnitt über Endiviensaft.

Blutdruck, hoher: 61, 2, 30, 15

Folge von Unreinheiten in den Blutgefäßen. Wenn Unreinheiten in das Blut gelangen können, gibt es nur folgende mögliche Ursachen dafür: 1. durch subkutane Injektionen und Medikamente, entweder als Medizin oder anderweitig eingenommen; 2. durch Ablagerungen von anorganischen Molekülen im Blut, die sich durch gekochte und verarbeitete Nahrungsmittel anhäufen, vor allem durch konzentrierte Stärke- und Zuckerprodukte; 3. durch zurückgebliebene Abfallstoffe in den Ausscheidungsorganen und -kanälen.

Das häufige Vorkommen von hohem Blutdruck in Familien ist nicht auf Vererbung zurückzuführen, wie manche Leute irrtümlich annehmen, es sei denn, wir betrachten den degenerierten Zustand des mütterlichen Blutes (infolge des Verzehrs anorganischer Nahrungsmittel) als vererbtes Geschenk an ihr Kind. Die einzige Erbanlage ist die Art und die Qualität der Nahrung, der die Familie als Ganzes gewohnheitsmäßig frönt. Wenn diese Nahrung ein Übermaß an gekochten Nahrungsmitteln und konzentrierten Kohlenhydraten enthält, ist es nur natürlich, daß die meisten, wenn nicht alle Familienmitglieder Mangelerscheinungen aufweisen.

Blutdruck, niedriger: 61, 2, 30, 1, 29, 15

Hauptsächlich auf Wirkstoffmangel zurückzuführen. Dieser entsteht, wenn man ausschließlich oder überwiegend gekochte und verarbeitete Nahrungsmittel ißt, und in der Regel auch dann, wenn frische rohe Gemüsesäfte in der Ernährung fehlen, mit denen man die roten Blutkörperchen schnell und wirksam erneuern kann. Eine sehr ernste Mitursache ist das Fehlen angemessener und ausreichender Ruhe. Jede Stunde Schlaf vor 22 Uhr ist mehr wert als zwei Stunden Schlaf am Morgen.

Es gibt allerdings drei Schlaftypen, wobei der Typ eins am häufigsten ist:

1. Schläfer mit Tiefschlaf vor Mitternacht
2. Schläfer mit Tiefschlaf mitten in der Nacht
3. Schläfer mit Tiefschlaf in den frühen Morgenstunden, diesem nützt der Schlaf vor Mitternacht wenig, sie brauchen unbedingt den Schlaf gegen Ende der Nacht bis in den Morgen.

Rauchen und alkoholische Getränke sind Hauptursachen für hohen und niedrigen Blutdruck.

Botulismus: siehe Nahrungsmittelvergiftung

Bronchitis: 61, 45, 11, 30, 1, 37, 60, 41
Entzündung der Bronchien infolge übermäßigen Schleims im Körper. Sie ist eines der Mittel der Natur, uns vor übermäßiger Ansammlung von Abfallstoffen im Körper zu warnen.

Wenn wir die Warnung mißachten, wird die Natur vielleicht die Körpertemperatur bis zum Fieber anheben, um diesen Müll zu verbrennen. Wenn wir diese Warnung weiterhin nicht beachten und unser Inneres nicht gründlich reinigen, versorgt die Natur uns mit Bakterien als Aasfresser, was zu weiteren Störungen wie Erkältungen, Grippe oder Lungenentzündung führen kann. Es ist fesselnd und interessant zu beobachten, wie rasch sich die Opfer solcher Zustände erholen, wenn sie Darmspülungen und Einläufe anwenden und sich entgiften. Lesen Sie den Abschnitt über Entgiftung.

Bruch: 61, 1, 2, 15, 30
Vortreten eines inneren Organs – ganz oder teilweise – aus seiner normalen Lage. Ursache ist die unzureichende

Spannkraft des umliegenden Bindegewebes und der Muskeln

Brustfellentzündung (Pleuritis): 30, 61, 40
Entzündung des Brustfells als Folge unzureichender Ausscheidung von Zersetzungsprodukten aus dem Körper, gewöhnlich begleitet von Fieber und Schmerzen beim Atmen.

Chorea (Veitstanz) **61, 2, 30, 40**
Entgiftung (siehe Erkältungen) als erster Schritt führt zu ausgezeichneten Resultaten, wenn ihr eine totale Rohkosternährung aus frischem Gemüse, Salaten, Früchten und Nüssen folgt.

Diabetes: 61, 2, 57, 50, 40, 84, 85
Störung der Kohlenhydratverwertung durch Unterfunktion der Bauchspeicheldrüse. Ursache ist der übermäßige Verzehr von konzentrierten Stärke- und Zuckerprodukten. Lesen Sie den Abschnitt über Säfte aus grünen Bohnen und die dortigen Ausführungen über Insulininjektionen.

Dickdarmentzündung (Kolitis): **61, 30, 1**
Entzündung des Dickdarms infolge von Verstopfung und seelischer oder organischer Nervosität, die natürlich den Verdauungsprozeß unterbricht. Gewöhnlich kann man die Hauptursache auf das Fehlen lebendiger, organischer Nahrung für die einwandfreie Darmtätigkeit zurückführen. Gekochte Nahrung setzt sich aus toten Molekülen zusammen, die keine der Zellen und Gewebe des Körpers erneuern oder ernähren können. Man kann kalte Buttermilch benutzen, um die entzündeten Darmgewebe zu beruhigen, während eine Umstellung auf richtig bereitete Rohkost eingeleitet wird. Aber denken Sie daran, daß

Milch immer schleimbildend wirkt. Wenn man sie in Notfällen anwendet, muß man sie umsichtig anwenden. Es hat sich gezeigt, daß gekochte Nahrungsmittel, statt bei der Wiederherstellung des Normalzustandes im Dickdarm zu helfen, die gegenteilige Wirkung haben. Fein geriebene Karotten und andere, ähnlich zubereitete Gemüse und Früchte – jeweils roh – sind von großer Hilfe, wenn frische rohe Säfte ebenfalls reichlich getrunken werden. Mineralöle sind anorganisch und vereiteln alle Versuche, den Zustand zu bessern, während Medikamente dem Organismus schaden. Einläufe haben sich als nützlich erwiesen. Die Einwände gegen Einläufe kommen gewöhnlich von denen, die sie am nötigsten hätten, aber über das Thema Ernährungs- und Ausscheidungsphysiologie nicht ausreichend informiert sind. Die Furcht, sie führten zur Gewöhnung, basiert auf fehlenden Informationen. Sauberkeit – innerlich wie äußerlich – ist niemals schädlich.

Diphterie: 61, 2, 40, 30, 47

Krankheiten, die durch die Ansiedlung und Verbreitung von Diphteriebakterien, meist im Rachen, hervorgerufen wird, oftmals nach der Entfernung der Gaumenmandeln. Nährboden für die Bakterien sind die Anhäufung von körpereigenen Abfallstoffen als Folge ihrer unzureichenden Ausscheidung aus dem Körper und als Folge nicht assimilierbarer denaturierter Nahrungsmittel – vor allem von Stärkeprodukten –, die den Blutkreislauf behindern. Ein sauberer Körper und reines Blut können keine Diphteriebakterien beherbergen.

Wenn man einen solchen Körper mit Diphteriegift – als Antitoxin bezeichnet – verunreinigt und dieses Gift in einen Körper injiziert, den man verdächtigt, Diphteriebakterien zu enthalten, ohne zuerst natürliche Reinigungs- und Verhütungsmaßnahmen in Form von richtiger organischer

Nahrung anzuwenden, dann beruht dies auf einem Mangel an Verständnis für die Aufgaben der Bakterien in der Natur.

Drüsen:

Jede Drüse im Körper hat eine eindeutige Beziehung zu jeder anderen Drüse, indem sie diese stimuliert, hemmt oder in irgendeiner Weise einen beherrschenden Einfluß auf sie ausübt. Lesen Sie bitte nochmals den Abschnitt über endokrine Drüsen. Machen Sie sich den Einfluß der verschiedenen Drüsen aufeinander klar. Es wäre verrückt, wenn sich jemand einer »Drüsenoperation« unterzöge, ohne sich bewußt zu sein, welche Wirkung sie auf den übrigen Körper hätte. Es ist außerdem wichtig zu wissen, wie man die Drüsen ernährt, damit ein Gleichgewicht zwischen ihnen hergestellt wird. Erfahren Sie, aus welchen mineralischen und chemischen Elementen sich die Drüsen zusammensetzen und welche Säfte am besten in der Lage sind, die Drüsen zu ernähren.

Durchfall: 1, 2

Gewöhnlich eine natürliche Reinigung des Dickdarms, weil Sie es versäumt haben, diese rechtzeitig vorzunehmen.

Dysenterie: siehe Ruhr

Dyspepsie: 61, 1, 2, 30, 15

Verdauungsstörung als Folge übermäßiger Säure im Verdauungstrakt.

Dysurie: 30, 1, 40, 59

Schmerzhafte, unvollständige Harnentleerung.

Ekzem: 61, 2, 30, 15
Entzündungszustand der Haut als Folge übermäßiger Säure in den Lymphdrüsen. Außerdem die Beseitigung von Abfallstoffen durch die Hautporen statt durch die Nieren und den Darm. Lesen Sie den Abschnitt über Furunkel.

Elefantiasis: 61, 30, 32, 40
Entzündung und Hemmung der Lymphdrüsen, gewöhnlich durch anorganische Abfallstoffe im Körper verursacht.

Emphysem: 87
(Das Wort bedeutet Aufblähung). Ein Zustand, der von zuviel Luft oder Gas in den Geweben – gewöhnlich in den Lungen – oder von Luft oder Gas in normalerweise luftleeren Geweben verursacht wird.

Enzephalitis: 61, 30, 40, 37
Gehirnentzündung als Folge eines gestörten oder kranken Nervensystems. 60 Gramm Petersiliensaft dreimal täglich – morgens, mittags und abends – sowie wiederholte Einläufe haben sich zusammen mit den angegebenen Säften als nützlich erwiesen.

Enurese: 30, 40, 29
Unfreiwillige Harnentleerung, häufig verursacht von anorganischen Oxalsäurekristallen in den Nieren oder in der Blase. Lesen Sie den Abschnitt über Oxalsäure.

Epilepsie: 61, 15, 2, 30, 40
Nervenkrämpfe als Folge übermäßiger Vergiftung und eines hungernden Nervensystems. Manchmal wird sie von Würmern im Dickdarm verurscht. Ein Beispiel dafür

war eine etwa 26jährige Frau. Nach der achtundzwanzigsten täglichen Darmspülung in Folge ging eine Wurmmasse so groß wie eine Männerfaust ab. Ein paar weitere Darmspülungen machten reinen Tisch mit ihnen, und die epileptischen Anfälle kamen nie wieder. Dies mag ein Zufall gewesen sein, aber viele weitere derartige Fälle waren zweifellos lehrreich.

Erkältungen: 61, 11, 30, 41, 60, 23 (in heißem Wasser)

Dasselbe wie ein Katarrh, aber in weniger bösartiger oder hartnäckiger Form. Darmspülungen oder Einläufe haben sich als besonders wirksam erwiesen, wenn man den Körper von Erkältungen befreien will, Wenn möglich, sollte man eine dreitägige Entgiftungskur machen – sie hat eine erstaunliche Wirkung. Was Erkältungen angeht, so ist die Vorbeugung ohne Zweifel die einfachste Sache der Welt. Sobald wir uns dem mühsamen und lästigen Verfahren unterzogen haben, den Körper von Schleim und Abfallstoffen zu säubern, und uns auf die »schleimfreie« Ernährung aus rohem Gemüse, Salaten und Früchten umgestellt haben, ergänzt durch frische Säfte, ist die Ursache von Erkältungen beseitigt. Impfstoffe, Medikamente und subkutane Injektionen sind profitabel für diejenigen, die sie verabreichen, und es ist sogar möglich, daß einige dieser Leute nicht wissen, daß diese Mittel keinerlei Nutzen haben.

Erschöpfung: 1, 61, 30

Anzeichen dafür, daß die Körperzellen mit der Nahrung nicht genügend lebendige Moleküle erhalten, um den ständigen Strom frischer Energie zu liefern, der benötigt wird. Erschöpfung ist ein Vorläufer vieler Krankheiten. Ihre kumulative Wirkung besteht in der Zerstörung von Gewebezellen und der darauffolgenden Anhäufung von Abfall im Körper. Wird dieser nicht entfernt, dient er Bakterien als Nahrung. Ruhe, Schlaf, Dickdarmreinigung und Säfte haben sich als die besten Methoden erwiesen, mit Erschöpfung fertigzuwerden.

Fettleibigkeit: 61, 1, 30, 15, 34

Übermäßiges Fettgewebe, das verursacht wird duch unverträgliche Nahrungsmittelkombinationen und den Verzehr großer Mengen von Stärke- und Zuckerprodukten. Manchmal auf eine Drüsenstörung zurückzuführen. Studieren Sie den Abschnitt »Drüsen«.

Ich gebe hier den folgenden interessanten Bericht über Herrn *Banting* wieder:

»Nachdem er ein Jahr lang alle stärke- und fettreichen Nahrungsmittel und alle alkoholischen Getränke, einschließlich Bier, gemieden hatte, verlor Herr Banting 34 Pfund Gewicht und 30 Zentimeter an seiner Taille. Nach sieben Jahren schrieb er: »Ich kann ehrlich versichern, daß ich nie so gut gelebt habe wie mit dem neuen Kostplan, den ich früher für einen gefährlichen, ausgefallenen Angriff auf die Gesundheit gehalten hätte. Es geht mir sehr viel besser, körperlich und seelisch, und ich freue mich, daß ich den Schlüssel für Gesundheit und Wohlbefinden in meinen Händen halte.«

Fettsucht: 61, 15, 30, 42

Übermäßige Bildung von Fettzellen und -geweben um ein Organ herum.

Fieber: 22, 23, 24

Die Bezeichnung, die überlicherweise einer Körpertemperatur gegeben wird, die über der Norm liegt, wenn die Natur versucht, Abfallstoffe zu verbrennen, die sich im Körper befinden. Wo es keine übermäßigen Abfallstoffe gibt und die Körperzellen gut ernährt sind, besteht kein Bedarf an Fieber. Es hat sich wiederholt gezeigt, daß der Fieberzustand durch Entgiftung (vgl. den Abschnitt über Entgiftung) und die Anwendung von Einläufen innerhalb erstaunlich kurzer Zeit gelindert wird.

Furunkel: 61, 30, 55

Eitrige Geschwüre, die von Unreinheiten im Blut verursacht werden. Diese führen zu bakteriellen Infektionen durch die Schweißdrüsen oder die Haarfollikel. Die Anwendung von Sulfonamiden und anderen Medikamenten kann gefährliche Folgen haben.

Ein Furunkel ist keine Hautinfektion, sondern einfach Abfall, den der Körper nicht durch andere Ausscheidungskanäle ausscheiden konnte, weil diese entweder mit Abfall verstopft sind oder weil sie aufgrund mangelnder Nahrung und Pflege degeneriert und untätig sind. Wenn es dem Körper nicht gelingt, Abfallstoffe durch die Hauptausscheidungsorgane zu entfernen, dann wird das größte Ausscheidungssystem des Körpers um Hilfe gebeten. Dieses System besteht aus der Haut und ihren Poren.

Fußpilz: 61, 30, 1

Festessen für Hautpilze, besonders zwischen den Zehen, wo die Krönung des Ganzen die Übersäuerung ist, die sich in unseren unteren Extremitäten ansammelt, wenn unsere Füße nicht atmen dürfen. Hautpilze sind wunderbare Gastgeber; sie sammeln Gäste, wo immer sie können, solange die Säure an den Füßen im Innern fester Lederschuhe bewahrt wird, welche die Auflösung der sauren Gifte verhindern.

Der Schlüssel zur Beseitigung der Fußpilze liegt in möglichst gründlicher Belüftung der Füße. Sandalen werden wegen ihrer günstigen Wirkung nicht nur auf die Füße, sondern auf den ganzen Körper, immer häufiger geschätzt und benutzt. Regenwetter und häufiger Schneefall sind weniger schädlich, wenn man Sandalen trägt anstatt Schuhe und Überschuhe.

Gallenbeschwerden und Gallensteine: **30, 61, 40, 29**, 23, (in einem Glas mit heißem Wasser)

Gekochte Fette und gebratene Nahrungsmittel sind die häufigsten Ursachen für eine gestörte Funktion der Gallenblase (vgl. den Abschnitt über Gallenleiden). Gallensteine und Gallengries sind jedoch Anhäufungen von anorganischem Kalzium und anderen anorganischen Substanzen, die sich in der Gallenblase ansammeln, weil der Körper sie nicht aufnehmen kann. Alle Stärke-, Brot- und Getreideprodukte sind voll von anorganischem Kalzium. Wenn man reichlich davon ißt, kann dies zu Gallensteinen und Gallengries führen.

Der Saft einer Zitrone in einem Glas heißen Wassers, drei oder vier Wochen lang mehrmals am Tag ungesüßt getrunken, hilft, diese Steine aufzulösen, wenn auch die anderen genannten Säfte über denselben Zeitraum hinweg täglich getrunken werden. Die Natur hat nicht vorgesehen, daß die Gallenblase des Menschen durch eine Operation entfernt wird.

Die Gallenblase ist für eine richtige Funktion der Leber unerläßlich. Unser Körper gehört jedoch uns selbst, und wenn wir in Unkenntnis seiner Funktionen bereit und willens sind, ihn einem chirurgischen Eingriff zu unterziehen, dann gibt es niemanden außer uns selbst, den wir anklagen können.

Gallenleiden: 61, 30, 40

Folge unvollständiger Fettverdauung und übermäßiger Gärung im Körper, die ungenügende Absonderung und Zufuhr von Galle durch die Leber bewirken. Alkoholische Getränke, einschließlich Bier, verursachen Leberdegeneration und oft chronische Verdauungsstörungen. Gebratene und fette Nahrungsmittel sind die häufigsten Ursachen von Gallenleiden.

Gastritis: 61, 15, 30

Leiden, das durch übermäßige Gasbildung im Körper entsteht, deren Ursache falsche Nahrungsmittelkombinationen sind. Alle Mehl-, Getreide- und Zuckerprodukte können Gastritis hervorrufen, und mit Alkohol kann es noch schneller gehen. Scharfe Gewürze aus Paprika, Senf, Essig, Tabak usw. sind ebenfalls für dieses Leiden verantwortlich. Rohe Lebensmittel haben sich als nützlich erwiesen.

Gehirntumor: 63, 61, 30, 40

Die Folge von Unreinheiten im Blut, die sich in den Blutgefäßen des Gehirns verfestigen. Sie bewirken Druck im Schädelinneren, was gewöhnlich zu Sprech- und Denkstörungen oder Bewegungsstörungen führt, je nach dem Sitz des Tumors. Chirurgische Eingriffe führen bei etwa 50 % der Kranken zum Tode.

Geisteskrankheit: 61, 37, 30, 1, 15, 2, 40, 59

Störung des Nervensystems, die auf übermäßige Mengen an Giften im Körper und unzureichende organische Nahrung zurückzuführen ist. Sogar noch häufiger hat sich seelischer Druck aufgrund von Furcht, Ärger und ähnlichen Störungen als Mitursache herausgestellt.

Gelbsucht: 61, 30, 29, 40, 1
Folge einer überlasteten Leber, die Galle mit Hilfe des Lymphstroms durch die Hautporen ausleitet.

Geschlechtskrankheiten: 61, 30, 2, 15, 40, 29, 28
Auf Zügellosigkeit zurückzuführen, die eine Entzündung verursacht, und auf geschwächte Organe, denen es an genügend organischer Nahrung mangelt, was zu Funktionsstörungen führt. Außerdem ermöglichen es Zersetzungsprodukte den Bakterien, sich fortzupflanzen.

Geschwüre (insbesondere Magengeschwüre): **61, 1, 30, 5**, 37, 6
Mangelkrankheit, die durch krankes Gewebe verursacht wird. Dieses ist die Folge des Verzehrs falsch zusammengestellter Nahrungsmittel, aus denen sich Gärungs- und Fäulniszustände entwickeln. Die Krankheit kann auch auf übertriebene Sorgen und auf andere negative Mitursachen zurückzuführen sein, die in den Abschnitten »Krebs« und »Tumore« genannt werden.

Gicht: 61, 2, 30, 29, 15, 40, 59
Entzündung der Bänder eines Gelenkes oder Knochens oder der Knochenhaut. Ursache ist der übermäßige Konsum von Alkohol und anderen Anregungsmitteln sowie hoher Fleischverzehr.

Gonorrhö (Tripper): **61, 15, 30, 40**, 76, 59
Folge der Vermehrung der Gonokokkusbakterien. Ursachen sind unreines Blut und Zersetzungsprodukte – gewöhnlich im Bereich der Geschlechtsorgane konzentriert – als Nährboden für diese Bakterien. Ärzte in Frankreich haben herausgefunden, daß Sandelholzöl in löslichen Kapseln von großem Nutzen ist.

Grauer Star: 61, 50, 1, 40, 30

Trübe Schleier, die über die Augenlinse treiben, wenn die Sehnerven und -muskeln nicht richtig ernährt werden. Ein chirurgischer Eingriff kann zwar in manchen Fällen von zeitweiligem Nutzen sein, aber es ist keine Frage, daß die Natur bessere und beständigere Arbeit leisten kann als selbst der geschickteste Mensch, vorausgesetzt, daß der Kranke voll und ganz mit ihr zusammenarbeitet. Lesen Sie den Abschnitt über Endiviensaft.

Gries: 30, 40, 59, 23 (in einem Glas mit heißem Wasser)

Anorganische Substanz – vor allem Kalzium aus Brot und anderen konzentrierten Stärkeprodukten –, die körnige Sekrete in den Nieren bildet.

Grippe: 61, 11, 2, 30, 41, 55

Verursacht durch übermäßige Speicherung von Abfallprodukten aus dem Körper und aus der Nahrung. Dieser Abfall bildet einen Nährboden für krankmachende Bakterien, die vor allem die Atemwege befallen. Grippe wird von Fieber und nervlicher Erschöpfung begleitet, gefolgt von großer Schwäche.

Haare: 53, 66

Lesen Sie den Abschnitt über Alfalfasaft.

Hämorrhoiden: 62, 61, 2

Die Gerinnung des Blutfibrins in den Enden der Blutgefäße im unteren Teil des Mastdarms als Folge überhöhten Konsums von Brot und anderen Stärke- und Getreideprodukten. Die Entfernung von Hämorrhoiden durch das Messer oder durch die elektrische Nadel hat nicht viel Sinn. Das Wiedererscheinen der Hämorrhoiden ist früher oder später nahezu unvermeidlich, wenn man sie auf diese Weise entfernt, solange man sich um die Ursache selbst, nämlich die Abfallstoffe im Blut, nicht richtig kümmert.

Harnvergiftung (Urämie): **30, 61**, 29, 40, 59

Vorhandensein von Harnstoff und anderen Harnexkreten im Blut.

Heuschnupfen: 61, 11, 30, 40, 15, 50, 41

Abnorme Schleimabsonderung in den Augen, in der Nase und in den Atemwegen infolge übermäßigen Verzehrs von Milch-, Stärke- und Getreideprodukten. Unserer Erfahrung nach sollten Sie subkutane Injektionen meiden. Lesen Sie den Abschnitt über Asthma, der gleichermaßen für Heuschnupfen gilt.

Herzbeschwerden: 61, 2, 30

Entstehen gewöhnlich durch Unreinheiten, die die Blutgefäße verstopfen, welche daraufhin einen übermäßigen Druck auf das Herz ausüben. Schließlich hat das Herz nur die Größe einer Faust, es wiegt nur etwa 280 Gramm, aber es pumpt trotzdem jedesmal, wenn es sich zusammenzieht, etwa 170 Gramm Blut. Dies scheint nicht viel zu sein; aber unter normalen Verhältnissen sind es etwa 20.000 Liter alle 24 Stunden. Unter Streß kann diese Menge jedoch auf bis zu 100.000 Liter in 24 Stunden ansteigen. Während einer normalen Lebenszeit von 70 Jahren bei einer Tätigkeit, die im Sitzen ausgeübt wird, schlägt das Herz etwa drei Milliarden Mal, wobei man für sogenannten Streß und für alle Belastungen in diesem Zeitraum 30 % hinzurechnen kann. Kein vom Menschen gemachter Mechanismus könnte tagein, tagaus arbeiten, ohne innerhalb einer sehr kurzen Zeit vollständig auseinanderzufallen, sofern man ihn nicht besser pflegen würde, als wir unser Herz und den übrigen Körper pflegen.

Das Blut befördert alles, was es im Körper aufnimmt, durch das Herz. Daher verstopfen Stärkemoleküle im Brot, im Mehl und in Getreideprodukten oft unser Kreislaufsystem, da sie nicht wasserlöslich sind. In diesem Zustand stellt das Blut für den Pumpmechanismus des Herzens eine enorme Belastung dar, und daraus entstehen Beschwerden. Es ist bekannt, daß auch Gasdruck im Bereich der splenischen Krümmung des querverlaufenden Dickdarms eine Mitursache bei Herzbeschwerden ist. Mein *»Schaubild der Fußreflexzonentherapie«* (zu beziehen beim Waldthausen-Verlag), hat vielen bei solchen Beschwerden geholfen.

Hodgkinsche Krankheit: 61, 27, 29, 46

Schwellung der Lymphdrüsen und der Mandeln in unmittelbarer Verbindung mit einer Milzstörung. Folge einer mangelhaften, unausgewogenen Ernährung. Er gibt kaum noch Hoffnung, nachdem Röntgenstrahlung oder Radium angewandt worden sind, da deren letztendliche Auswirkungen vom Menschen nicht zu beherrschen sind. Dies gilt auch für radioaktive Substanzen. Entgiftung, eine strenge, wohlausgewogene und richtig bereitete Rohkost und frische Säfte führen unserer Erfahrung nach zu befriedigenden Resultaten, d. h. zu einer - teilweise lange anhaltenden - Besserung, allerdings nicht zur endgültigen Heilung.

Husten: 11, 61, 30

Entsteht, wenn der Körper versucht, Schleim aus den Atemwegen zu entfernen und loszuwerden. Hustenarzneien sind meist ein ausgezeichnetes Mittel, um auch künftig husten zu müssen; sie gehören in den Ausguß. Lesen Sie die Absätze über Erkältungen. Gurgeln mit reinem oder verdünntem Zitronensaft lindert Husten.

Impotenz: 15, 1, 30, 27, 40, 31, 59
Störung der Zeugungsfähigkeit beim Geschlechtsakt.

Ischias: 30, 61, 40, 28, 29, 59
Entzündung des Ischiasnervs oder des umliegenden Muskels, gewöhnlich durch übermäßige Mengen an Schlackenstoffen im Körper verursacht.

Juckreiz: 61, 30, 15, 1
Unangenehmer Zustand, der meistens von bestimmten Bakterien verursacht wird, die den Körper durch die Hautporen zu verlassen suchen.

Dies führt zur Bildung von Pusteln und ist von intensivem Juckreiz begleitet.

Karbunkel: Siehe Furunkel.

Katalepsie: 61, 2, 40, 30
Muskelstarre, die durch falsch ernährte Nerven verursacht wird.

Katarrh: 61, 11, 30, 41, 60
Große Mengen von Schleimhautsekreten als Folge der Unfähigkeit des Körpers, Milch und konzentrierte Stärkenahrung aufzunehmen.

Kehlkopfentzündung: 61, 1, 30, 15
Entzündung des Kehlkopfs, die durch Zersetzungsprodukte im Körper hervorgerufen wird.

Kinderlähmung: 61, 40, 32, 1, 2

Auch als Poliomyelitis bezeichnet. Keine so ernste und häufige Krankheit, wie der Rummel um sie uns glauben machen möchte. Das Virus, das diese Krankheit verursacht, kann in gesundem Gewebe nicht existieren. Sobald es sich festgesetzt hat, ist der logische Schritt, es auszuhungern, indem man alle Abfallstoffe aus dem Körper entfernt.

Die Vorbeugung liegt in der richtigen Ernährung, also in lebendiger, organischer Nahrung, die nicht gekocht oder verarbeitet wurde. Um den Körper wieder in seinen Normalzustand zu versetzen, hat sich dies als ebenso unerläßlich erwiesen. Die Anwendung von Medikamenten, sei es durch Injektionen oder sonstwie, kann die Fortschritte verzögern, denn dabei können die Zellen und Gewebe ihre Gesundheit nicht wiedererlangen. Wahrscheinlich können mehr Fälle von Kinderlähmung auf den Verzehr von Milch, Zucker, Stärkenahrung, Getreide und mit Kohlensäure versetzten Limonaden zurückgeführt werden als auf jede andere Ursache.

Knochenmarkentzündung (Osteomyelitis): **1, 61, 48,** 30, 43

Auflösung der Knochenstruktur, gewöhnlich begleitet von Eiterabsonderung. Knochen benötigen wie alle anderen Körperteile lebendige Nahrung. Ohne sie hungern die Zellen, die Abfallstoffe häufen sich an, und die Struktur löst sich auf.

Knochenschwund: 61, 48, 55, 46, 1

Abbau von Knochengewebe als Folge übermäßigen Verzehrs von Milch und konzentrierten Stärke- und Zuckerprodukten.

Kolik: 61, 30
Schmerzen, die im Unterleib durch Gase entstehen, gewöhnlich infolge falscher Lebensmittelkombinationen und im Körper verbliebener Abfallstoffe. Kinder, die mit Rohkost und rohen Säften aufwachsen, haben selten eine Kolik. Unserer Erfahrung nach bewirken Einläufe ziemlich rasch Abhilfe.

Kolitis siehe Dickdarmentzündung

Konjunktivitis: 61, 50, 1, 59
Entzündung der Augenbindehaut.

Kopfschmerzen: 61, 2, 30, 55, 15
Eines der über 200 Symptome, die anzeigen, daß der Körper mit Abfallstoffen überladen ist. Eine Mahnung der Natur, den Körper gründlich zu reinigen, dadurch das Blutgleichgewicht wiederherzustellen und den übermäßigen Druck des Blutes im Kopfbereich zu lösen.

Koronarthrombose: siehe Thrombose.

Krampfadern: 61, 2, 30, 62, 15
Folge einer an konzentrierten Stärke- und Zuckerprodukten reichen Ernährung, die zu Erschaffung der Venenwänden führt.

Krämpfe: 61, 30
Bei Krämpfen im Darmbereich sind die Schmerzen auf Gasbildung zurückzuführen, das durch falsche Nahrungsmittelkombination entsteht.
Muskelkrämpfe werden gewöhnlich von Harnsäure verursacht, die sich übermäßig angesammelt hat.

Krebs: 1, 61
Gruppen oder Nester von Epithelzellen, die aufgrund fehlender organischer Nahrung halb verhungert sind. Sie gedeihen beim Verzehr konzentrierter Stärkeprodukte und von Fleisch. Lesen Sie den Abschnitt über Karottensaft, wo der Krebs in Grundzügen besprochen wird.

Als eine der Mitursachen bei der Krebsentwicklung hat sich langandauernder Ärger herausgestellt.

Kropf: 61, 59, 2 (mit 1/4 Teelöffel Algenpulver, Meersalat oder Rotalgen als Beigabe)
Vergrößerung der Schilddrüse infolge eines Mangels an organischem Jod in der Nahrung. Die Einnahme von chemischem Jod und chemisch hergestelltem Kaliumjodid schadet dem Körper, da beide anorganisch sind und früher oder später zu Ablagerungen führen können, die das Körpergewebe schädigen. Das beste organische Jod finden Sie in Rotalgen und anderen Algen (vgl. den Abschnitt über Meeresalgen).

Lähmung: 61, 40, 30, 6
Verlust der Fähigkeit, die willkürlichen und unwillkürlichen Muskeln zu kontrollieren oder zu koordinieren. Hungernde Nervenzentren sind die Ursache.

Kinderlähmung: Erkrankung der grauen Rückenmarksubstanz Die Ursachen sind ein gestörter Stoffwechsel, ein Übermaß an denaturierten Stärke- und Zuckerprodukten und Mangel an organischen Elementen in der Nahrung. Lesen Sie den Abschnitt über Kinderlähmung.

Leberbeschwerden: 30, 61, 1, 29, 40, 46
Folge des übermäßigen Konsums von denaturierten und konzentrierten Stärke- und Zuckerprodukten, Fetten

und Fleischwaren. Bier, Wein und Likör sind ebenfalls Hauptusachen bei Leberstörungen.

Leberzirrhose: 1, 61, 30
Unmittelbare Folge einer Leberüberlastung durch den Verzehr von zuviel Stärkeprodukten, vor allem Weißmehl, die zu einer Verhärtung des Lebergewebes führen.

Leukämie: 1, 26, 48, 53
Extrem schnelle Vermehrung der weißen Blutkörperchen, die zur Vernichtung roter Blutkörperchen führt. Ursache ist der Mangel an organischen Molekülen in der Nahrung – zuviel gekochte Kost, zuviele Stärke- und Zuckerprodukte, zuviel Fleisch und nicht genügend frische Säfte, rohe Gemüse und rohe Früchte.

Leukorrhö: siehe Weißfluß

Lungenentzündung: 61, 30, 11, 41
Entzündung des Lungengewebes als Folge abnormer Mengen von Schleim und anderen Zersetzungsprodukten im Körper. Ursachen dafür sind der Konsum von Milch und der übermäßige Verzehr von konzentrierten Stärke- und Zuckerprodukten.

Magenverstimmung: 23 (in einem Glas heißen Wassers), **61, 1, 30, 15**
Folge unzureichender Verdauung falsch zusammengestellter Nahrungsmittel. Sie entsteht ferner, wenn man unter Streß und der Belastung von Furcht oder Sorgen ißt.

Malaria: 61, 11, 1, 30, 41, 15
Krankhafte Folge unreinen Blutes und übermäßiger Speicherung von Zersetzungsprodukten im Körper,

während man sich in einer Atmosphäre schlechter oder ungesunder Luft aufhält, die tierische Parasiten und Bakterien in die Lage versetzt, im Körper zu gedeihen und sich fortzupflanzen.

Während man den Körper gewöhnlich mit Chinin, Atabrin oder anderen Medikamenten sättigt, würden wir ihn sooft wie notwendig entgiften (vgl. den Abschnitt über Entgiftung), um den Körper von diesen Medikamenten zu befreien.

Maltafieber: 61, 30, 20, 22, 23

Eine von mehreren Methoden, die die Natur anwendet, um Abfallstoffe im Körper zu verbrennen. In diesem Fall sind die Bakterien, die bei der Zerlegung des Abfalls aktiv sind, bildlich gesprochen, ein »Heizer«, der die Körpertemperatur in Intervallen und manchmal kontinuierlich anhebt. Kein Abfall – kein Fieber! Maltafieberbakterien gedeihen auf pasteurisierter Milch.

Mandelentzündung: 61, 30, 2, 1

Entzündung des Rachens als Folge übermäßiger Mengen an Körper- und Nahrungsabfall im Organismus. Wenn sich ein Abszeß bildet, handelt es sich um Abfallstoffe, die sich im Bereich der Mandeln sammeln (vgl. »Tonsillitis«).

Dieser Zustand spricht gut auf eine Entgiftung an (siehe »Entgiftung«).

Masern: 61, 6, 30, 1, 47

Toxische Schlackenstoffe, die durch die Haut aus dem Körper dringen. Eine der Methoden der Natur, den Organismus gründlich zu reinigen, vor allem in der Kindheit.

Mastoiditis: 61, 32, 2

Folge von Schleimanreicherungen im Gebiet des Warzenfortsatzes des Schädels hinter dem Ohr, die eine Entzündung hervorrufen. Mastoiditis entsteht schon im Kindesalter durch Ernährung mit viel Kuhmilch – besonders mit der pasteurisierten – und viel Weißbrot, Getreide, Kuchen und anderen Mehlprodukten. Die beste Methode, sie zu verhüten, ist unserer Erfahrung nach die Meidung dieser Nahrungsmittel. Lesen Sie dazu den Abschnitt »Erkältungen«.

Melancholie: 61, 7, 2, 30, 15, 37

Vergiftungszustand im Körper und im unterernährten Nervensystem, der zu trübsinnigem Brüten führt. Mangel an Selbstvertrauen.

Meningitis: 61, 30, 2, 1

Anwesenheit der Meningokokkusbakterien im Organismus als Folge einer Ansammlung von Abfallstoffen, auf denen diese Bakterien gedeihen. Wenn der Körper gesund ist, sterben die Bakterien aus Mangel an Nahrung ab oder verlassen den Organismus, ohne ihn anzugreifen.

Menopause: 61, 32, 73, 30, 2

Strafe, die Frauen dafür zahlen, daß sie ein halbes Leben lang (40 bis 50 Jahre) schädliche Nahrungsmittel gegessen haben, die das Blut und jeden anderen Teil des Körpers nicht ernähren können, so daß keine rasche und ständige Regeneration möglich ist.

Menstruation: 61, 59, 30, 68, 2

Ein Studium des *»Schaubildes der endokrinen Drüsen«*, das bereits angesprochen wurde, zeigt eine oder mehrere der Hauptursachen für Menstruationsstörungen auf (vgl. den Abschnitt über Drüsen).

Migräne: 61, 2, 30, 15, 47, 37

Unreines Blut und unzureichend ernährte Nervenzentren führen zu intensiven Schmerzen – gewöhnlich nur an einer Seite des Kopfes – und machen den Betreffenden lustlos und deprimiert.

Multiple Sklerose: 61, 40, 59, 2, 1

Degenerativer Zustand des Nervensystems, der durch hungernde Zellen der Nerven, des Gehirns und des Rückenmarks verursacht wird. Diese Krankheit ist der schlüssige Beweis für die zerstörerische Wirkung von Stärke- und Getreideprodukten auf Menschen. Nach meinen Beobachtungen über 50 Jahre hinweg ist niemals eine dauerhafte Besserung erzielt worden, solange die Patienten weiter Brot, Getreide und andere Stärkeprodukte essen. Vielen Menschen wurde aber zu langsamer Genesung verholfen, wenn sie diese Nahrungsmittel sowie Fleisch mieden und stattdessen hauptsächlich rohe Früchte und Gemüse aßen, zwei bis drei Liter frische rohe Säfte tranken und häufig Darmspülungen bekamen. Die größte Gefahr bei dieser Krankheit liegt darin, daß dieses Programm nicht konsequent eingehalten wird und daß es dadurch zu Sekundärinfektionen kommt.

Mundgeruch: 61

Wird verursacht von gärenden und faulenden Abfallstoffen aus der Nahrung, die im Körper zurückbehalten wird. Zahnverfall und die sogenannte Gewebsinfektion sind nur zufällige Begleitumstände und ebenfalls durch diese Speicherung von Abfällen verursacht. Eine Entgiftung beseitigt diese Abfallstoffe.

Nahrungsmittelvergiftung (Botulismus): **15, 66**
Folge des tödlichen Giftes, das die Botulismusbakterie abgibt, wenn sie durch Hitze langsam abgetötet wird, ganz ähnlich wie ein Stinktier eine wohlbekannte Flüssigkeit ausstößt, wenn man es reizt. Es ist ein tödliches Gift, das sich oft in Dosennahrung befindet, wenn ungenügende Hitze die Bakterien nicht vollständig zerstört hat. Es kann auch in Würsten, Fleisch und Fisch vorhanden sein. Wenn Sie erkranken, rufen Sie sofort den Arzt. Frische rohe Gemüsesäfte sind Lebensmittel für lebendige Menschen.

Nebenhöhlenbeschwerden: 61, 11, 30, 1
Gewöhnlich auf übermäßige Verschleimung zurückzuführen, die von übertriebenem Milch- und häufig auch Stärke- und Zuckerkonsum verursacht wird.

Nesselsucht (Urtikaria): **61, 2, 30**, 15, 1
Übermäßig saurer Zustand im Körper, den dieser zu normalisieren versucht, indem er die Haut als Ausscheidungsorgan benutzt (vgl. Allergie).

Nephritis: 30, 61, 40, 29, 59
Nierenentzündung, die gewöhnlich von übermäßiger Säurebildung verursacht wird.

Nervosität: 61, 37, 30, 40, 15
Gereiztheit bestimmter Nervenzentren aufgrund eines Mangels an organischen, alkalischen Lebensmitteln.

Neuralgie: 61, 37, 30, 40
Starke Schmerzen im Bereich eines Nervs, der nicht richtig ernährt wurde.

Neurasthenie: 61, 37, 2, 30, 40, 55
Funktionelle Erschöpfung des Nervensystems infolge unzureichender Versorgung mit organischer Nahrung. Die Symptome werden durch dauernde nervliche Belastung, Sorgen, Angst oder Überarbeitung hervorgerufen.

Neuritis: 23, 30, 61, 40
Gewöhnlich die Folge von Schlackenstoffen, die gegen Muskeln und Nerven gedrückt werden und starke Schmerzen hervorrufen. Der Verzehr von Fleisch ist eine der Hauptursachen für dieses Leiden. Fleisch erzeugt derart große Mengen Harnsäure, daß die Muskeln mit ihr gesättigt sind, bis sich schließlich Kristalle daraus bilden.

Nierenbeckenentzündung (Pyelitis): **30, 61, 1, 40**, 29, 28, 59
Entzündung im Becken- oder Nierenbereich, die gewöhnlich durch eine übermäßige Harnsäureansammlung im Organismus verursacht wird.

Nierenbeschwerden (übermäßige Harnsäure usw.): **30, 61, 40,** 29, 59
Folge ungenügender Ausscheidung der Endprodukte, die bei übermäßigem Fleischverzehr entstehen. Bier, Wein und Likör sind Hauptursachen für Nierenbeschwerden.

Nierenentzündung: siehe Nephritis

Nierensteine: 23, 30, 61, 40, 29, 28, 59 (in einem Glas mit heißem Wasser)
Anorganische Substanzen, hauptsächlich Kalzium in konzentrierter Stärkenahrung, die sich in den Nieren zu festen Gebilden entwickeln.

Nymphomanie: 61, 2, 30, 15, 29, 40
Abnormer Sexualtrieb bei Frauen infolge übermäßigen Konsums von Gewürzen, Alkohol oder Tabak oder infolge falscher Nahrungsmittelkombination. Gelegentlich verursacht durch funktionelle Störungen und körperliche Abnormität der Organe; beides ist leicht zu korrigieren.

Orchitis: **30, 61, 40**, 29, 37, 59
Entzündung der Hoden, die auf übermäßige Speicherung von Zersetzungsprodukten im Organismus und manchmal auf Mißbrauch zurückzuführen ist.

Osteomyelitis: siehe Knochenmarkentzündung

Parese: 61, 2, 40, 30, 6, 47
Funktionelle Unfähigkeit der Gehirnnerven zur Koordination. Ursache ist Mangel an richtiger organischer Nahrung.

Parodontitis: 61, 1, 2, 30
Entzündung des Zahnfleisches und Lockerung der Zähne. Ursachen sind zuviele Abfallstoffe im ganzen Körper und ein Mangel an lebendiger, organischer Nahrung.

Peritonitis: siehe Bauchfellentzündung

Phlebitis: siehe Venenentzündung

Pickel: siehe Akne

Pleuritis: siehe Brustfellentzündung

Pocken: 61, 30, 1, 2, 37, 40, 53, 55

Übermäßige Mengen an eiternden Abfallstoffen führen dazu, daß sich Bakterien darin vermehren, die für diese Krankheit verantwortlich sind. Nach dem ersten Vermehrungsschub verlassen die Bakterien den Körper durch die Hautporen. Wer gut informiert ist, weiß, daß eine Impfung gegen diese Krankheit nicht nur keinerlei Wert hat, sondern in Bezug auf ihre Folgewirkungen sehr gefährlich ist. Man hat gesagt, viel mehr Menschen seien durch Injektionen des Eiterimpfstoffs aus kranken Kühen, der normalerweise beim Impfen verwendet wird, verkrüppelt oder auf andere Weise geschädigt worden, als es Todesfälle durch die Krankheit gegeben habe. Ein Körper, der innen wie außen sauber ist und der richtig ernährt wird mit lebendiger Nahrung und mit einer reichlichen Menge verschiedener frischer roher Säfte, ist kein Nährboden für diese Bakterien und ist daher immun gegen die Krankheit.

Polio: siehe Kinderlähmung.

Polypen: 61, 1

Entzündung oder Schwellung des Rachen-, Gaumenmandel- oder Rachenmandelgewebes. Ursachen sind übermäßiger Schleim im Körper und Abfallstoffe im unteren Darmabschnitt, die entstehen, wenn man Kuhmilch trinkt und zuviel Stärke- und Zuckerprodukte ißt.

Prolaps: siehe Vorfall.

Prostatabeschwerden: 23, 30, 61, 1, 85

Entweder die Folge von Exzessen oder eines Mangels an lebendiger Nahrung in den vergangenen Jahren.

Psoriasis: siehe Schuppenflechte.

Pyelitis: siehe Nierenbeckenentzündung.

Rachitis: 61, 1, 48, 37, 6, 30, 46

Mangel an Vitamin D und möglicherweise auch an anorganischem Kalzium und an anderen Elementen. Die Folgen sind Störungen im Kalzium-Phosphor-Stoffwechsel mit Knochenverformungen und Knochenerweichung.

Rheuma: 23, 30, 61

Fleisch und Fleischprodukte aller Art können nicht verdaut werden, ohne daß sich übermäßige Mengen an Harnsäure im Körper ansammeln. (Lesen Sie den Abschnitt über Karotten-, Rüben- und Gurkensaft). Wenn diese Harnsäure im Körper gespeichert wird, nehmen die Muskeln sie auf, und früher oder später rekristallisiert sie. Diese scharfen Harnsäurekristalle sind oftmals Ursache rheumatischer Schmerzen. Viele Rheumaerkrankungen sind aber nicht auf Harnsäureansammlungen zurückzuführen sondern auf Ansammlungen anderer Schlackenstoffe.

Rückenschmerzen: 61, 30, 1, 2

Hierfür gibt es zahllose Ursachen. Am sichersten ist es, einen guten Chiropraktiker zu konsultieren, der sich sowohl mit natürlichen Methoden als auch mit mechanischem Einrenken der Wirbelsäule auskennt. Er sollte imstande sein zu beurteilen, ob die Schmerzen von einem Hexenschuß, durch Verstopfung oder von Fehlstellungen in der Wirbelsäule oder im Schädelbereich verursacht werden.

Ruhr (Dysenterie): **6, 61, 30, 1**
Durchfall als Folge einer Ansammlung von Schleim und anderen Abfallstoffen. Darmspülungen und manchmal eine Entgiftung (wie bereits beschrieben) sind sehr hilfreich, wenn man zwei oder drei Liter frische Säfte am Tag trinkt.

Sauerstoffaufnahme, niedrige: **61, 30**, 37, 46, 55
Ungenügende Sauerstoffassimilation aufgrund eines Mangels an organischem Eisen im Organismus.

Scharlach: 30, 61, 68, 47, 66
Rebellion des Körpers gegen angehäufte Abfallstoffe aus der Nahrung und aus dem Körper selbst, wenn man zuviele gekochte und nicht genügend rohe Lebensmittel und Säfte zu sich nimmt.

Schlaflosigkeit: 61, 37, 22, 30
Unfähigkeit zu schlafen. Ursache ist eine nervliche Anspannung oder übermäßige Säure im Organismus.

Schleimbeutelentzündung: 86, 30, 61
Folge des Austrocknens der Gelenkschmiere. Etwas Avocado, täglich gegessen, hilft dabei, mit der Zeit den Normalzustand wiederherzustellen.

Schnupfen: 61, 30, 40, 11
Entzündung der Nasenschleimhaut aufgrund übermäßiger Schleimmengen in den Nasenhöhlen.

Schuppenflechte (Psoriasis): **61, 30,** 15, 1, 2
Meistens Bakterienkolonien, die sich von Zersetzungsprodukten und körpereigenen Abfallstoffen ernähren und

versuchen, den Körper durch die Haut zu verlassen, was zu Reizzuständen führt.

Schwangerschaft: 1, 30, 61, 2, 48, 32, 53

Ohne Ausnahme der wichtigste Zeitraum im Leben eines ungeborenen Kindes. Schlechte Gewohnheiten, Rauchen, Konsum von alkoholischen Getränken und von Limonaden sowie von Kuhmilch (besonders wenn sie pasteurisiert ist) und der Verzehr übermäßiger Mengen konzentrierter Stärke-, Getreide- und Zuckerprodukte – all diese Fehler der schwangeren Frau können zu Degeneration oder Mineralstoffmangel beim Kind führen. Rohe Gemüse, Salate und Früchte, täglich ergänzt durch eine reichliche Menge frischer roher Säfte, führen als regelmäßige, tägliche Nahrung zu strahlenden, gesunden Kindern und Müttern. Versuchen Sie es! Lesen Sie den ganzen Abschnitt über Karottensaft.

Schwindel: 30, 61, 2, 1

Entsteht, wenn der Körper als Folge einer Ansammlung von Abfallstoffen aus dem Gleichgewicht gerät. Lesen Sie den Abschnitt über Entgiftung, er hat vielen geholfen, ihre Schwindelanfälle zu überwinden.

Sklerose: 61, 62, 32, 30

Verhärtung eines Körpergewebes. (Vgl. auch Multiple Sklerose).

Skorbut: 61, 15, 2, 30, 29

Folge unausgewogener Ernährung mit einem Mangel an organischen Wirkstoffen.

Vorfall (Prolaps): **61, 2, 30, 40**, 15
Vorfall eines Organs aus seiner normalen Lage infolge eines Tonusverlustes im Nerven- und Muskelsystem aufgrund falscher Ernährung.

Wassersucht: 61, 30, 11, 29, 40, 59
Übermäßige Wasseranreicherung im Körper infolge unzureichender Ausscheidung durch die Nieren.

Weißfluß: (Leukorrhö): **61, 11**, 30, 2, 40, 41, 60, 59
Übermäßige Schleimbildung oder -ansammlung in den weiblichen Geschlechtsorganen.

Windpocken: 61, 30, 1, 2
Das Windpockenvirus gedeiht in Schleim, vor allem in jenem, der aus den Abfallstoffen der Verdauung von Milch und konzentrierten Stärke- und Zuckerprodukten entsteht. Wenn dieser Nährboden fehlt, kann das Virus nicht existieren. Wenn ein Kind mit Kuhmilch, Getreide, Brot und Pudding aufgezogen wird, kann man nur erwarten, daß sich dieses winzige Virus vermehrt. Eine Ernährung mit Stärke, Getreide und Milch ist gut für die Vermehrung von Bakterien. Salben treiben die Gifte in die Haut und dadurch in den Körper zurück, damit sie früher oder später unter einer anderen Bezeichnung wiedererscheinen. Die Irisdiagnose hat mehr dafür getan, dies zu beweisen, als alle Labormethoden, die wir haben entdecken können. Die gleiche Behandlung, die so erfolgreich bei Erkältungen (siehe dort) angewandt wird, ist auch bei Windpocken wirksam.

Wundrose: **61, 2, 30, 40**
Ekzem, aber von Fieber begleitet. Die Ursache bei beiden ist die gleiche.

Zahnverfall: 61, 48, 55, 46, 1
Abbau infolge des Fehlens organischer, lebendiger Moleküle in der Nahrung. Übermäßiger Verzehr von Milch, Stärkenahrung und Zucker sind Hauptursachen des Zahnverfalls.

Zystitis: siehe Blasenkatarrh

Der Vitalstoffgehalt von Früchten

	Vitamingehalt				Intern. Einheiten	Milligramm			
	Zusammensetzung					Gramm			
Die Zahlen beziehen sich auf 500 g pro Frucht	Destilliertes Wasser	Eiweiß	Kohlenhydrate	Fett	Vitamin A	Vitamin C	Thiamin	Riboflavin	Niacin
Acerolakirschen	462	200	400	50			12	0,32	2,10
Äpfel	413	2	80	2,4	550	47	0,17	0,14	0,7
Aprikosen	424	7	66	0,22	16,500	75	0,2	0,28	3,6
Avocados	359	10,5	28	94	1650	110	0,55	1	8,3
Backpflaumen	404	4,4	88	0,22	8000	22	8	0,9	8
Bananen	373	6,5	114	2,2	1100	66	0,25	0,32	0,33
Birnen	423	3,3	70	2,2	220	31	0,13	0,28	0,84
Boysenbeeren	449	3,5	45,5	0,6	650	32	0,07	0,5	3,8
Brombeeren	429	6,4	59	3	2200	140	0,2	0,26	2,5
Cantaloupe-Melonen	451	4	42	0,6	16500	200	0,26	0,2	3,5
Casaba-Melonen	480	3	16,2		80	32	0,11	0,08	1,5
Cherimoyas	432	6,4	53,5	2,9	55	66	0,53	0,6	6,9
Datteln	118	10,8	358	5,5	550	0	0,55	0,7	13,2
Erdbeeren	453	3,3	40	2,4	300	283	0,13	0,32	2,9
Feigen	393	7,5	95	1,27	600	11	0,39	0,33	2,37
Granatäpfel	451	1,4	46	0,9	Trace	11	0,08	0,08	0,8
Grapefruits	444	2,8	50	0,27	700	1500	0,28	0,2	1,3
Heidelbeeren	424	3,2	70	2,3	460	64	0,23	0,27	2,1
Himbeeren, schwarz	417	7	66	6,6	20	110	0,33	0,57	5,4
Himbeeren, rot	425	6	62	3,2	900	167	0,21	0,58	5,5
Honigmelonen	472	2,5	24	1	130	76	0,14	0,1	2
Johannisbeeren schwarz,	407	6,6	82,7	0,33	1500	1100	0,28	0,29	1,1
Johannisbeeren, rot	428	2,9	66	0,2	1000	330	0,22	0,28	0,55
Johannisbeeren, weiß	426	5	66	0,22	1000	330	0,22	0,28	0,55

Der Vitalstoffgehalt von Früchten

	Mineralien											
	Gramm											
	Kalzium	Magnesium	Kalium	Phosphor	Schwefel	Eisen	Silizium	Chlor	Natrium	Sauerstoff	Wasserstoff	Stickstoff
Acerolakirschen	0,05	0,054	1,40	0,045	0,10	0,0025	0,033	0,015	1,62	323	323	0,35
Äpfel	0,31	0,62	0,69	0,28	0,12	0,06	0,32	0,06	0,5	143	248	0,34
Aprikosen	0,11	0,12	1,8	0,36	0,09	0,02	0,26	0,02	0,36	141	282	1,16
Avocados	0,5	0,6	2,37	1,6	0,9	0,15	0,06	0,12	1,65	123	246	1,8
Backpflaumen	0,44	0,19	1,7	0,75	0,12	0,11	0,07	0,02	0,36	134	268	0,72
Bananen	0,09	0,3	2	0,35	0,14	0,01	0,1	0,36	0,7	125	251	1,1
Birnen	0,16	0,1	0,94	0,28	0,1	0,02	0,03	0,01	0,18	139	277	11
Boysenbeeren	0,09	0,09	0,42	0,09	0,19	0,006	0,00027	0,0002	0,006	140	279	0,6
Brombeeren	0,19	0,13	1,2	0,5	0,16	0,08	0,25	0,06	0,11	143	286	1,05
Cantaloupe-Melonen	0,13	0,13	1,4	0,18	0,11	0,02	0,44	0,15	0,11	150	299	0,7
Casaba-Melonen	0,035	0,04	0,66	0,04	0,09	0,001	0,0002	0,0002	0,03	150	299	0,51
Cherimoyas	0,45	0,37	2,7	0,6	0,25	0,02	0,04	0,41	0,28	120	242	1,02
Datteln	0,46	0,47	4,2	0,4	0,5	0,06	0,01	1,55	0,4	36,7	73,3	1,8
Erdbeeren	0,1	0,057	0,79	0,1	0,029	0,0048	0,1	0,014	0,004	150	299	0,6
Feigen	0,22	0,24	0,8	0,47	0,2	0,04	0,18	0,08	0,47	132	264	1,27
Granatäpfel	0,009	0,005	0,72	0,02	0,00002	0,0009	0,01	0,03	0,009	128	255	0,25
Grapefruits	0,14	0,08	0,8	0,21	0,07	0,02	0,01	0,03	0,02	146	293	0,46
Heidelbeeren	0,07	0,03	0,37	0,06	0,02	0,005	0,0001	0,0002	0,005	139	277	0,5
Himbeeren, schwarz	0,16	0,16	1,04	0,33	0,8	0,06	0,09	0,2	0,06	140	279	1,7
Himbeeren, rot	0,24	0,11	1,2	0,32	0,8	0,06	0,13	0,22	0,14	143	286	1
Honigmelonen	0,044	0,04	0,008	0,05	0,006	0,0012	0,0003	0,00027	0,037	150	299	0,44
Johannisbeeren schwarz	0,42	0,23	0,2	0,7	0,22	0,18	0,1	0,03	0,37	132	264	1,1
Johannisbeeren, rot	0,16	0,11	1,3	0,24	0,9	0,01	0,01	0,04	0,01	143	286	0,47
Johannisbeeren, weiß	0,03	0,1	1,5	0,14	0,41	0,01	0,01	0,03	0,02	142	284	0,83

Der Vitalstoffgehalt von Früchten

	Vitamingehalt				Intern. Einheiten	Milligramm			
	Zusammensetzung					Gramm			
Die Zahlen beziehen sich auf 500 g pro Frucht	Destilliertes Wasser	Eiweiß	Kohlenhydrate	Fett	Vitamin A	Vitamin C	Thiamin	Riboflavin	Niacin
Kirschen	403	6,3	85	2	1100	72	0,33	0,33	2,3
Kokosnuß	233	26	92,6	140	10	0	0,31	0,24	3,25
Kürbis	469	3,5	23	0,33	5600	33	0,15	0,39	2
Limonen	454	3	40	0,9	55	155	0,11	0,09	0,8
Oliven	408	9	13	66	350	11	0,11	0,1	0,11
Orangen	448	7,5	41	1	1,7	300	0,7	0,35	2,4
Papayas	443	2,8	51	0,55	11000	330	0,33	0,3	1,9
Persimonen Dattel pflaumen - Kakis)	411	3	83	1,65	11400	46	0,12	0,09	0,44
Pflaumen	404	3,5	89	0,06	1900	50	0,25	0,24	3,3
Pfirsiche	447	3,5	47	0,38	8250	64	0,15	0,36	6,9
Preiselbeeren	443	5	47,4	2,2	1000	110	0,23	0,13	0,57
Rhabarber	489	1,3	8,4	0,22	220	20	0,07	0,15	0,7
Tangerinen	452	3	43	0,8	1600	116	0,22	0,06	0,44
Tomaten	467	5,4	21,5	1,1	5500	165	0,42	0,33	4,4
Wassermelone	462	2,5	33	1	4000	100	0,2	0,22	1,4
Weintrauben	423	6,5	62	5	950	53	0,29	0,22	1,8
Zitronen	467	3,6	27,5	1	55	177	0,14	0,07	0,44
Zuckermelonen	451	4	42	0,6	16500	200	0,26	0,2	3,5

Der Vitalstoffgehalt von Früchten

	Mineralien											
	Gramm											
	Kalzium	Magnesium	Kalium	Phosphor	Schwefel	Eisen	Silizium	Chlor	Natrium	Sauerstoff	Wasserstoff	Stickstoff
Kirschen	0,28	0,2	1,9	0,6	0,11	0,08	0,33	0,06	0,08	133	266	1,05
Kokosnuß	0,5	0,6	2,9	2,3	0,5	0,13	0,44	1,03	0,5	80	161	4,4
Kürbis	0,074	0,042	1,2	0,15	2,5	0,003	0,08	0,07	0,003	150	299	0,6
Limonen	0,14	0,11	0,43	0,76	0,07	0,0025	0,02	0,01	0,009	150	299	0,51
Oliven	0,46	0,02	3,3	0,08	0,06	0,03	0,03	0,01	0,44	133	266	1,8
Orangen	0,6	0,14	1,27	0,33	0,14	0,03	0,02	0,03	0,07	144,83	290	1,27
Papayas	0,16	0,28	1,27	0,52	0,16	0,02	0,02	0,13	0,22	146	293	0,44
Persimonen Dattel pflaumen - Kakis)	0,025	0,03	0,73	0,11	0,11	0,0011	0,0001	0,0002	0,025	133	266	0,52
Pflaumen	0,34	0,3	2	0,52	0,13	0,11	0,09	0,01	0,02	118	234	0,15
Pfirsiche	0,29	0,09	1,23	0,37	0,2	0,03	0,01	0,06	0,19	149	297	7
Preiselbeeren	0,62	0,06	0,6	0,1	0,9	0,02	0,01	0,02	0,01	149	297	0,83
Rhabarber	0,22	0,036	0,56	0,041	0,005	0,0017	0,008	0,015	0,004	157	315	0,23
Tangerinen	0,15	0,039	0,47	0,07	0,035	0,0014	0,0035	0,0036	0,008	145	290	0,7
Tomaten	0,33	0,41	2,4	0,32	0,15	0,03	0,06	0,42	0,98	156	312	0,9
Wassermelone	0,16	0,09	0,7	0,22	0,11	0,07	0,06	0,04	0,15	154	308	0,44
Weintrauben	0,31	0,14	2	0,44	0,17	0,06	0,07	0,04	0,04	142	284	1,08
Zitronen	0,087	0,0001	0,46	0,054	0,07	0,002	0,02	0,01	0,007	150	299	0,94
Zuckermelonen	0,13	0,13	1,4	0,18	0,11	0,02	0,44	0,15	0,11	150	299	0,7

Der Vitalstoffgehalt von Gemüse

Die Zahlen beziehen sich auf 500 g pro Frucht	Vitamingehalt – Zusammensetzung: Destilliertes Wasser	Eiweiß	Kohlenhydrate	Fett	Intern. Einheiten: Vitamin A	Milligramm – Gramm: Vitamin C	Thiamin	Riboflavin	Niacin
Alfalfa	407	15	50	0,03	242720	880	30	210	0,54
Artischocken	399	11	85	0,56	220	39	1,20	0,35	7,83
Auberginen	464	6,10	25	1,49	110	83	0,29	0,29	3,42
Blumenkohl	457	13,50	23	1,50	450	441	0,55	0,55	3,64
Bohnen, grüne	440	18	35	1	3300	110	0,42	0,55	2,65
Brokkoli	445	18	29,50	1,49	17600	661	0,56	1,14	0,55
Brunnenkresse	466	10,60	14,20	1,32	32000	519	0,56	1,20	5,07
Eibisch	448	11	35	1,40	3300	220	1,06	1,23	4,74
Erbsen	413	20	55	8	4200	182	1,79	0,86	0,06
Grünkohl	448	9	33	0,50	49600	1213	1,27	1,60	13,50
Gurken	477	6	14	0,50	1500	75	0,187	0,28	1,23
Karotten	440	6	49	1	66000	77,16	0,40	0,32	3,47
Kartoffeln	391	10,50	93	0,66	17	146	0,69	0,29	8,98
Kidneybohnen	434	20	42	1,10	110	0	2,76	0,99	11,19
Kohl	450	9,50	32	1	1100	276	0,34	0,36	1,85
Kohlrabi	442	22	29	1	220	386	0,28	0,23	1,82
Kopfsalat	474	6,90	12,35	1,38	5500	84	0,42	0,40	1,90
Lauch	438	12	42	1,50	330	110	0,66	0,55	3,31
Limabohnen	344	39	110	3,30	1650	220	1,30	0,66	7,55
Mais	374	17	99	6	2700	105	0,88	0,72	9,37
Mangold	462	11	21	1,43	30000	146	0,28	0,79	2,43
Pastinaken	410	8,60	71	3,90	220	105	0,50	0,58	1,32
Petersilie	428	18	41	3,30	44000	606	0,66	1,32	6,06
Rettich	464	5,95	24	0,50	83	194	0,23	0,22	1,82

Der Vitalstoffgehalt von Gemüse

	Mineralien											
	Gramm											
	Kalzium	Magnesium	Kalium	Phosphor	Schwefel	Eisen	Silizium	Chlor	Natrium	Sauerstoff	Wasserstoff	Stickstoff
Alfalfa	8,758	1,65	10	1,25	1,451	1,752	0,0008	1,401	0,751	144	289	2,80
Artischocken	0,15	0,13	2,15	0,63	0,22	0,18	0,01	0,18	0,49	133	267	1,80
Auberginen	0,11	0,15	1,43	0,35	0,17	0,03	0,02	0,24	0,11	155	311	1
Blumenkohl	0,26	0,17	1,93	0,88	0,55	0,04	0,17	0,15	0,25	152	304	2,26
Bohnen, grüne	0,60	0,50	2,54	0,52	1,01	0,01	0,01	0,56	0,14	146,98	293,94	1,85
Brokkoli	0,50	0,12	1,93	0,80	0,75	0,06	0,11	0,28	0,47	149	298	2,90
Brunnenkresse	1,38	0,34	1,76	0,88	2,12	0,02	0,01	0,31	0,67	155	311	1,80
Eibisch	0,83	0,17	1,20	0,45	0,36	0,01	0,11	0,06	0,50	151	301	1,83
Erbsen	0,19	0,33	1,76	1,32	0,64	0,01	0,01	0,17	0,13	139	278	3,31
Grünkohl	0,88	0,22	2,54	1,10	2,66	0,04	0,01	0,32	0,17	150,57	301,26	1,65
Gurken	0,165	0,09	0,88	0,44	0,15	0,03	0,18	0,14	0,22	160	320	1,10
Karotten	0,53	0,20	1,72	0,60	0,30	0,04	0,11	0,22	1	144	289	0,90
Kartoffeln	0,14	0,28	3,20	0,94	0,35	0,06	0,11	0,19	0,17	132	263	1,80
Kidneybohnen	0,23	0,13	1,90	0,45	0,57	0,01	0,01	0,10	0,14	139,62	278,15	3
Kohl	0,88	0,20	2,12	1,65	1,23	0,03	0,04	0,40	0,49	153	306	1,60
Kohlrabi	0,88	0,63	2,09	0,44	0,53	0,18	0,15	0,30	0,55	149,91	299,83	4
Kopfsalat	0,77	0,33	1,98	0,50	0,20	0,28	0,43	0,41	0,40	159	317	1
Lauch	1,19	0,02	2,20	0,83	0,37	0,33	0,49	0,33	0,39	146,98	293,94	2,09
Limabohnen	0,22	0,55	5,24	1	0,47	0,02	0,02	0,08	0,73	113,90	227,80	6,60
Mais	0,09	0,45	1,38	1,42	0,64	0,01	0,09	0,18	0,55	126	251	3
Mangold	0,405	0,30	2,53	0,18	0,064	0,015	0,034	0,07	0,676	153	306	2
Pastinaken	0,44	0,22	2,98	0,90	0,69	0,02	0,84	0,93	0,09	139	278	1,40
Petersilie	1,82	0,44	3,86	0,83	0,99	0,03	0,19	0,21	0,44	142	284	3,10
Rettich	0,75	0,15	1,60	0,55	0,33	0,13	0,04	0,44	1,06	157	313	1,05

Der Vitalstoffgehalt von Gemüse

	Vitamingehalt				Intern. Einheiten	Milligramm			
	Zusammensetzung					Gramm			
Die Zahlen beziehen sich auf 500 g pro Frucht	Destilliertes Wasser	Eiweiß	Kohlenhydrate	Fett	Vitamin A	Vitamin C	Thiamin	Riboflavin	Niacin
Römischer Salat	463	8	21	1,98	11000	127	0,42	0,57	2,54
Rosenkohl	422	30	40	1,54	3300	579	0,69	1,07	5,51
Rote Bete	414	7,94	71,10	1,23	220	68	0,20	0,41	2,54
Schnittlauch	446	13	33	2	30900	331	0,46	0,66	3,97
Sellerie	469	5,40	18,50	0,50	1700	68	0,20	0,21	1,82
Senfblätter	465	10,50	19,60	1,76	24500	340	0,37	0,77	2,98
Spinat	430	17	22	11,60	53000	309	0,75	1,27	3,59
Steckrüben	405	17	72	0,55	44	220	0,32	0,46	3,25
Süßkartoffeln	349	9	134	2,40	43000	220	0,68	0,47	4,37
Spargel	477	7,05	14	0,55	2520	93	0,51	0,56	4,30
Wirsing	448	13	28	2	1100	220	0,33	0,33	3,47
Ziegenpfeffer	463	5,95	24	0,66	550	661	0,42	0,42	2,54
Zwiebeln	441	8	46	1,32	330	98	0,20	0,25	1,38

Der Vitalstoffgehalt von Gemüse

	Mineralien											
	Gramm											
	Kalzium	Magnesium	Kalium	Phosphor	Schwefel	Eisen	Silizium	Chlor	Natrium	Sauerstoff	Wasserstoff	Stickstoff
Römischer Salat	0,77	0,28	1,65	0,72	0,25	0,09	0,20	0,28	2,30	157	313	1,30
Rosenkohl	0,14	0,14	1,87	1,20	2,13	0,03	0,01	0,17	0,02	142,75	285,50	4
Rote Bete	0,35	0,20	2,14	0,68	0,35	0,06	0,44	0,50	0,50	146,70	293,40	1,34
Schnittlauch	1,05	0,26	1,65	0,75	0,62	0,08	0,01	0,21	0,21	150	301	2,20
Sellerie	0,71	0,24	1,70	0,52	0,23	0,06	0,15	0,63	2,31	158	315	1
Senfblätter	0,64	0,095	1,319	0,175	0,683	0,01	0,01	0,018	0,11	155	311	1,80
Spinat	2,37	1,27	3,31	2,00	1,38	0,12	0,90	1,26	7,05	150	300	2,80
Steckrüben	0,72	0,23	2,98	0,93	0,61	0,03	0,06	0,42	0,36	152	304	2,80
Süßkartoffeln	0,80	0,40	1,60	1,21	0,63	0,03	0,10	0,39	0,20	118	236	1,80
Spargel	0,062	0,056	0,778	0,173	0,058	0,003	0,01	0,004	0,01	157	315	1
Wirsing	0,23	0,69	2,92	1,60	0,89	0,19	0,52	0,86	1,09	153	306	2
Ziegenpfeffer	0,33	0,60	2,31	0,83	0,33	0,08	0,17	0,15	0,19	155	311	1,10
Zwiebeln	0,65	0,15	1,10	0,44	0,17	0,13	0,50	0,09	0,10	149	298	1,32

Literaturhinweise

Harvey und Marilyn Diamond
»Fit für´s Leben« Teil I

Harvey und Marilyn Diamond
»Fit für´s Leben« Teil II

Marilyn Diamond
»Neue Eßkultur mit SonnenKost«

Prof. Arnold Ehret
»Die schleimfreie Heilkost«

Dr. John H. Tilden
»Mit Toxämie fangen alle Krankheiten an«

Dr. Norman W. Walker
»Täglich frische Salate erhalten Ihre Gesundheit«

Dr. Norman W. Walker
»Dickdarmtherapie« (Schaubild)
»Endokrine Drüsen« (Schaubild)
»Fußreflexzonentherapie« (Schaubild)

Dr. Norman W. Walker
»Auch Sie können wieder jünger werden!«

Dr. Norman W. Walker
»Zurück auf´s Land«

Über den Autor

Eine gute Gesundheit ist nicht vom Alter abhängig. Während der über siebzigjährigen Tätigkeit auf den Gebieten der Gesundheit und Ernährung hat *Dr. Norman W. Walker* bewiesen, daß gutes Wohlbefinden und ein langes Leben Hand in Hand gehen können.

Erst heute entdecken einige fortschrittliche Mediziner und Ernährungsfachleute die Wahrheiten, die *Dr. Walker* bereits während seines Lebens gekannt und dargelegt hat. *Dr. Walker* selbst war der lebende Beweis dafür, daß man durch richtige Ernährung, seelische Ausgeglichenheit und Hygiene ein längeres, gesünderes Leben erreichen kann. *Dr. Walkers* Ernährungs- und Gesundheitsprogramme sind einfach und leicht durchführbar. Sie basieren nicht auf »Wunderdiäten« oder »revolutionären« Erfindungen!

Schon um die Jahrhundertwende begann *Dr. Walker* in London sich für eine gesündere Lebensführung zu interessieren. Als junger Mann hatte er sich überlastet und wurde ernstlich krank. Da alle ärztlichen »Künste« nichts halfen, ging *Dr. Walker* neue Wege und wurde wieder gesund. Seit dieser Zeit verbrachte er seine Zeit damit, die Ursachen für Krankheit und Gesundheit der Menschen zu erforschen und sie zu einem längeren Leben zu führen.

1910 gründete *Dr. Walker* in New York das Norwalk-Laboratorium für Ernährung und Forschung und hat seitdem wichtige Beiträge für ein längeres, aktives Leben geleistet. Sein größter Beitrag war die Entdeckung des therapeutischen Wertes von Obst- und Gemüsesäften im Jahre 1930. Seit dieser Zeit sind frischgepreßte Säfte in den Haushalten der USA und vieler anderern Länder nicht mehr wegzudenken. (Leider werden heute fast ausschließlich Fabriksäfte getrunken, die eher schaden als nutzen).

Dr. Walker hat seine Forschungen bis zu seinem kürzlichen Tode im 116. Lebensjahr weitergeführt und sich schriftstellerisch betätigt. Sein letztes Buch »Einfache Gewichtskontrolle« schrieb er noch im Alter von 113 Jahren.

Dr. Walker kann wohl als der erfahrenste und produktivste Ernährungswissenschaftler der Welt bezeichnet werden. Unzählige Beiträge wurden von ihm in Zeitschriften veröffentlicht, und er hat viele Bücher geschrieben.

Noch im hohen Alter sagte *Dr. Walker: »Ich kann wahrheitsgemäß sagen, daß ich mir meines Alters niemals bewußt bin. Seitdem ich erwachsen bin, habe ich nie das Gefühl gehabt, älter zu sein, und ich kann ohne Vorbehalt sagen, daß ich mich heute lebendiger fühle als im Alter von 30 Jahren. Ich denke nicht an Geburtstage, und ich feiere sie auch nicht. Noch heute kann ich voller ehrlicher Überzeugung sagen, daß ich mich einer strahlenden Gesundheit erfreue. Es stört mich überhaupt nicht, Leuten mein Alter zu sagen. Ich bin alterslos!«*

Stichwortverzeichnis

Unser Verlagsprogramm

Michael Lukas Moeller

Gesundheit ist eßbar

Der Autor, Arzt und Psychoanalytiker, schildert seinen Weg zur natürlichen Ernährung. Er war überrascht, wie wenig er doch über die Ernährung und ihren Einfluß auf die Gesundheit vom Medizinstudium her wußte.
Dr. Moeller erklärt dem Leser die Gründe für Umstellungsschwierigkeiten, die oftmals in der Mutterbindung liegen. Was Mutter früher gekocht hat, soll nicht richtig gewesen sein?
Dieses Buch macht es dem Neuling einfach, sich auf eine gesündere Ernährung umzustellen, besonders deshalb, weil Informationen über ganzheitlich orientierte Vereine und Institutionen sowie Bücher und Zeitschriften gegeben werden.

Hans Baumgardt

Gesunde Kinder durch natürliche Lebensweise

Der Herausgeber hat die Empfehlungen mehrerer GesundheitsPraktiker der natürlichen Gesundheitslehre über die Schwangerschaft, Geburt, Stillzeit und Kindererziehung an die Leserschaft zusammengestellt.
Für ein gesundes Kind sollten die Weichen nicht erst am Tage der Geburt gestellt werden, sondern die Eltern sollten schon vor der Schwangerschaft konsequent auf ihre Gesundheit achten. Dann ist die Entbindung auch ohne krankhafte Nebenerscheinungen, ohne medizinische Eingriffe und ohne übermäßige Schmerzen möglich.
Durch Fasten, Bettruhe, frische Luft und viel Sonnenschein übersteht ein Kleinkind Krankheiten sehr schnell, besser als wenn medikamentöse Behandlungen erfolgen. Ein Kind sollte durch das Vorbild der Eltern schon frühzeitig mit den Grundsätzen der natürlichen Gesundheitslehre bekannt gemacht werden, damit es den Versuchungen im Kindergarten und seiner sonstigen Umwelt besonders hinsichtlich der Ernährung, widerstehen kann.

Waldthausen Verlag • 2863 Ritterhude